Jean-Yves Labat de Rossi

Rock me Amin

De Woodstock aux prisons ougandaises
Bad trip pour un hit

ARTHAUD

82, rue Saint-Lazare
CS 10124
75009 Paris

ISBN : 978-2-0802-9604-7

« Y (a) une chose plus infecte encore
que la pire cruauté du sort,
c'est d'être obligé de revivre ce qui est fini.
Paix aux mondes des tortures mortes. »

Louis-Ferdinand Céline,
Londres, Gallimard, 2022.

In memoriam *Elan Bâk et John Holbrook*

À Maya et Océane

1

Woodstock, mars 1977.

— Allô… Lucky ?

— Qui est-ce ?

— Froggy…

— Froggy… mais quelle heure est-il ?

— Trois heures, désolé Lucky… Je suis dans une merde noire… J'ai besoin de toi…

— Qu'est-ce qui t'arrive ?

— Je me suis frité avec Albert. Hier après-midi, j'ai voulu lui péter la gueule et ça a très mal tourné ; il m'a donné quarante-huit heures pour quitter Woodstock, en me faisant savoir que Chicago n'est qu'à deux heures d'avion. Tu piges ?

— Tout à fait… Écoute, ne t'en fais pas, repose-toi un peu, prépare un bon café : j'arrive.

Je raccroche, soulagé, mais impossible de trouver le sommeil ; j'ai mal aux angles, mal à la tête, une descente de coke tout schuss me file des frissons avec en prime une gueule de bois carabinée ; le passé se conjugue au présent : flash-back, chambard, bousculade et grand huit…

J'ai fait la connaissance de Lucky par la meilleure amie de sa femme. Au fil du temps, nous sommes devenus très proches. J'ai ainsi découvert qu'il était le neveu d'un parrain de la maf' italienne de New York. Je m'en veux presque de l'avoir appelé bien qu'il m'ait lui-même recommandé de ne jamais hésiter à le faire si un jour j'avais des ennuis, et là, j'ai décroché le gros lot : Albert.

Albert Grossman, le manager de Peter, Paul & Mary, Janis Joplin, Bob Dylan, The Band, Utopia… Un poids lourd, une légende vivante du showbiz. C'est un *land baron* qui règne sur tout ce que Woodstock compte d'*insiders* du *music business*. Pour son écurie d'artistes, dont je fais partie, c'est Dieu le père, l'être suprême, le *Big Boss*. Je ne pouvais pas faire mieux : en plein dans le mille !

Le jour se lève. Une Cadillac noire aux vitres teintées se glisse dans l'allée pour venir s'immobiliser devant la maison. En descend un homme en noir, grand, baraqué, chemise blanche et cravate sombre, fière allure et belle gueule de Rital derrière ses lunettes de soleil : Lucky, fidèle à la tradition, affiche la couleur. Il n'a pas mis longtemps pour monter de Brooklyn. Vif, fringant, en trois enjambées, il est sous le porche, m'embrasse et nous allons nous installer dans le salon. Je remercie mon « 7e de cavalerie » d'être venu à mon secours aussi rapidement et lui fais le topo :

— Tu vois, Lucky, malgré tout ce que je lui dois, j'en ai plein le cul d'Albert. Je commence à en avoir marre de ses coups tordus, de ses contrats pourris et de ses promesses bidon. Qu'il se la joue coolos grand manitou avec qui il veut, mais pas avec moi. Alors hier, quand il m'a refait son numéro, j'ai pété les plombs…

Le récit du rififi terminé, il se marre, il a même l'air de trouver ça très drôle :

— T'as des couilles Froggy, c'est bien. Allez, va prendre une douche, sape-toi, puis nous irons prendre notre petit-déjeuner au Bear Café.

— Tu es fou, t'as pas compris ? Je viens de t'expliquer que non seulement Albert m'a interdit d'y remettre les pieds, mais qu'il m'a aussi viré du label, de ses studios et menacé de représailles si je restais dans le coin. C'est la totale, je suis flambé, *eighty-six*[1] !

Lucky ne rigole plus :

— Jean-Yves, j'ai sauté dans ma bagnole à 4 heures du mat' pour venir te tirer du pétrin, alors ne discute pas : *let's go…*

Nous arrivons au Bear Café à l'heure où tous les Woodstockers branchés viennent prendre leur *French breakfast*. Je marque un temps d'arrêt avant d'en franchir le seuil ; Lucky me prend par l'épaule et met un terme à mes hésitations. Barman, *busboys* et serveuses n'en croient pas leurs yeux lorsqu'il se dirige vers la table d'Albert pour s'y installer en m'intimant de m'asseoir à la place attitrée du patron. Stupéfaits, ils hallucinent mais personne ne moufte : *when Lucky walks, nobody talks…*

1. Persona non grata.

Albert ne va pas tarder. Il déjeune au Bear Café tous les matins à 9 heures tapantes. Il y donne ses premiers rendez-vous avant de regagner les bureaux de Bearsville Records à l'autre bout du pont qui enjambe la Saw Kill River.

Sa table occupe l'angle formé par la jonction des deux salles du restaurant : à gauche celle du bar, la plus petite ; en face, la plus grande qui, avec sa longue baie vitrée surplombant la rivière, donne sur l'entrée principale. De son fauteuil, Albert a une vue panoramique sur tout son petit monde : l'œil du maître.

Le voilà !

Dès qu'il m'aperçoit le Grizzli s'empourpre, bombe le torse et me fonce droit dessus. Bloqué contre le mur, je n'en mène pas large. Lucky percute, me fait signe de ne pas bouger. Au moment où Albert arrive à sa hauteur – je me suis toujours demandé si le reflet des verres de ses mafieuses[1] ne lui servaient pas de rétroviseurs –, il se déploie tout en se retournant pour lui faire face.

Albert s'arrête net, se fige, accuse le coup, se ressaisit :

— Lucky ! Quelle surprise !

— Albert, heureux de te revoir ! Tu prendras bien le petit-déjeuner avec nous ? Tu connais mon ami Jean-Yves, n'est-ce pas ? Assieds-toi !

À mon grand étonnement, Albert obtempère. Il me fusille du regard en prenant place face à Lucky qui s'attable à son tour.

---

1. Paire de lunettes aux verres très foncés.

— *Long time no see my friend*, comment vas-tu ?

Calé dans sa chaise, Lucky tire une gueule pas possible. Il esquisse un semblant de sourire, retire solennellement ses lunettes de soleil pour planter deux banderilles dans les carreaux d'Albert et prend son temps avant de lui répondre d'une voix grave :

— Ah, mon cher Albert, pour tout te dire, je ne vais pas très bien… je suis même très contrarié…

Il marque un silence – Albert est tendu, visiblement mal à l'aise –, puis reprend :

— Tu sais que tu es mon ami…

Albert acquiesce – nouveau silence.

— … Jean-Yves aussi est mon ami…

Long silence.

— Alors quand deux de mes amis se fâchent, je n'aime pas ça, ça me perturbe. J'ai horreur de ce genre de situation qui m'attriste profondément et m'amène parfois à prendre de regrettables décisions…

Un ange passe.

— … Albert tu ne voudrais pas que je sois triste, n'est-ce pas ?

— Certainement pas, Lucky, tu le sais bien.

— Alors fais-moi plaisir, serrez-vous la main, là, maintenant, tout de suite.

Albert, qui m'avait royalement ignoré jusqu'alors, se retourne vers moi, me fixe, attend. Avec son catogan, impassible derrière ses bésicles à la Benjamin Franklin, il me fait penser au loup déguisé en grand-mère du *Petit Chaperon rouge*. Je réprime un fou rire ; ce n'est vraiment pas le moment de déconner. La tension est palpable, *OK Corral* au Bear Café. Je dégaine le premier, lui tends la main sous le regard glacial de Lucky qui ne l'a pas quitté des yeux un seul instant.

Digne d'un film de Scorsese, le numéro de mon ange gardien italien a été très convaincant. *Exit* la menace de représailles de la maf' juive de Chicago : Albert n'est pas fou ; le jeu n'en vaut pas la chandelle.

Lucky a retrouvé sa bonne humeur et a rechaussé ses lunettes de soleil. Albert sourit et, grand seigneur, me glisse sur un ton affable qu'il ne mettra pas ses menaces à exécution. Pour autant, que je ne me fasse pas d'illusions : je n'obtiendrai jamais plus de contrat aux États-Unis et il est préférable que je ne fréquente plus ses studios d'enregistrement. Un peu cher payé pour un crime de lèse-majesté. Je m'apprête à le lui faire remarquer lorsque Lucky, en secouant la tête, me fait comprendre de la fermer : c'est bon.

Alors OK, Uncle Albert[1], l'honneur est sauf, on en reste là. Après tout, j'ai évité l'exil, le bannissement absolu et la visite des Chicago boys.

---

1. Surnom donné à Albert par les Beatles dans une chanson de Paul McCartney : « We're so sorry Uncle Albert… »

2

Le boycott d'Albert est redoutablement efficace. Je perds mon temps. Après plusieurs tentatives auprès de différentes compagnies discographiques, tant à New York qu'à Los Angeles, il m'est impossible de décrocher le moindre contrat. C'est toujours le même scénario : dans un premier temps, réaction positive du directeur artistique à l'écoute de mes enregistrements, inévitablement suivie d'un silence radio ou d'une fin de non-recevoir. Il me faut donc trouver un contrat sur un territoire où je ne suis pas proscrit ; de préférence avec un label sur lequel j'ai déjà été distribué à l'étranger. Mais oui *câlisse*, ma planche de salut est de l'autre côté de la frontière, *sacrament d'astie de tabarnak*[1] : cap au nord.

Mai, mai, joli mois de mai. Bien remonté, le pied au plancher, il ne me faut pas longtemps pour avaler les quatre cent cinquante bornes qui me séparent de Montréal. J'angoisse un peu à l'approche de la frontière. J'ai bien aménagé une super planque pour ma

1. Jurons populaires québecois.

came dans le compartiment moteur de ma 3.0 CSi, mais qui sait ! D'humeur printanière, les douaniers se contentent de vérifier mon identité et de me poser les questions d'usage concernant le motif de ma visite, mon lieu de résidence et la durée de mon séjour. Soulagé, je traverse le Saint-Laurent et débarque en fin d'après-midi chez l'une des stars de la *toune*[1] québécoise, mon vieil ami Claude Dubois.

Pour célébrer nos retrouvailles, on ne tarde pas à se jeter sur la potion magique, un savant gloubi-boulga de Bombay gin, sinsemilla[2] et speedball[3]. Transportés par les effets de ce cocktail détonant, on trace toute la nuit sur des rails de coke qui nous abandonnent au petit matin sur le bas-côté de la défonce. Difficile alors de se refaire une santé pour mon rendez-vous avec Peter Horvath, le patron du département artistique de Polydor Canada. Il n'y a qu'une solution : retour à la potion.

Claude m'accompagne. Il conduit au radar. Fenêtre ouverte pendant tout le trajet, je m'oxygène un max, histoire de me remettre les idées en place. Ce grand bol d'air frais m'a fait le plus grand bien et je suis quasi requinqué quand je débarque chez Polydor.

Recommandé par le président de Barclay Canada, je suis très aimablement accueilli par Peter. C'est la première fois qu'on se rencontre et il me fait aussitôt bonne impression. Grand gaillard barbu, cheveux mi-

1. Chanson.
2. Marijuana de grande qualité.
3. Mélange de cocaïne et d'héroïne.

longs, le regard franc assorti d'un sourire qui l'est tout autant, cet *A&R*[1] qui a la réputation d'être un *hit-maker* ne frime pas, à la différence d'un grand nombre de ses confrères des majors. Son bureau est spacieux, lumineux, confortable, aménagé avec goût. On a quand même droit aux incontournables disques d'or qui, comme autant de trophées kitschissimes, en constellent les murs. On ne peut non plus ignorer cet immense drapeau ougandais qu'il a suspendu à sa porte ; dans cette profession, un peu de provocation ne nuit jamais à l'image de celui qui ose flirter avec le diable. De toute évidence, Peter soigne la sienne.

Voilà maintenant près d'une heure qu'on jongle entre les écoutes de mes bandes masters et les commentaires qu'elles suscitent. Tassé dans son fauteuil, Claude émerge de temps en temps puis, la pupille dilatée, le hibou halluciné repique du nez, il est complètement schlass. En bon connaisseur de « rock prog[2] », Peter apprécie visiblement ce que je suis venu lui faire entendre. Il pense que *Pumping Iron* est un très bon single et me propose de le prendre en licence. Mais il flashe tout particulièrement sur mon adaptation de *Little Drummer Boy*, une pièce maîtresse du *Under Water Electronic Orchestra*, l'album que j'ai sorti chez Barclay. Il l'écoute à plusieurs reprises. Face aux enceintes, les bras croisés, la tête sur la poitrine, les

1. Dans l'industrie musicale, l'A&R (abréviation d'Artists and Repertoire) est une division d'un label discographique responsable de la découverte de nouveaux artistes.

2. Rock progressif.

yeux fermés, concentré, il cogite dans son Chesterfield qu'il fait enfin pivoter pour m'adresser un « *Great, great, fucking great !* » Je commence à en avoir ma dose de *L'Enfant au tambour* qui se désagrège petit à petit dans le champ réverbérant de ma somnolence, loin, de plus en plus loin… Je perds pied : pouce, pouce, pause-café !

Je profite de cet entracte pour lui faire part de la situation critique dans laquelle je me trouve suite à mon clash avec Albert et lui explique que pour m'en sortir et continuer à travailler tel que je l'entends il me faudrait mon propre studio, voire mon propre label. Il me prévient que malgré ce qu'il va me verser comme avance pour *Pumping Iron*, je serai encore loin du compte.

Et là, soudain, bingo ! C'est le déclic, il vient de se prendre cent mille volts dans les pinceaux. Il pointe du doigt le drapeau ougandais qui tapisse sa porte :

— C'est ça ! C'est ça ! Je l'ai ! Pour te tirer d'affaire, il faut voir les choses en grand, t'es d'accord ? Tu peux visiblement tout faire avec ton synthé, alors synthétise-moi l'autre con d'Amin Dada avec son accordéon ! Tu l'enregistres, tu me le mets sur *Little Drummer Boy* et là on le tient notre putain de hit, on fait un tabac, tu tires la queue du Mickey et tu ramasses la mise !

Il exulte et m'avise que question avance, ce ne sera plus du tout la même chanson…

Aussi inattendue que déjantée, la proposition de Peter me laisse pantois. Claude, qui a remonté le périscope, opine du chef en signe d'approbation. Régulièrement au cœur de l'actualité, dans les reportages télévisés, Amin Dada se met très souvent en scène avec son accordéon, histoire d'agrémenter par ces intermèdes musicaux les exactions dont il se rend coupable dans son pays.

Je regarde Peter droit dans les yeux et lui demande si, par hasard, il ne se foutrait pas de ma gueule. Il jure ses grands dieux que non, m'assure qu'il est sérieux, sûr de son coup. Il est interrompu par l'arrivée tonitruante de Ronnie Hawkins, une vieille connaissance.

— Mais putain, qu'est-ce que tu branles chez ce grand fils de pute, rugit Ronnie qui ne peut jamais sortir une phrase sans un juron ou une bordée d'insultes.

Et Peter de lui couper le sifflet en lui racontant la proposition qu'il vient de me faire. Ronnie n'en croit pas ses oreilles, il jubile et nous dit que, sans déconner, on tient l'idée du siècle, qu'on est des putains de petits génies de merde et une vraie bande d'enculés.

La réaction de Ronnie m'incite à accorder plus de crédit à la proposition de Peter. Est-ce que je suis partant ? Après un petit moment de flottement, je lui réponds que oui, bien sûr je suis partant, pas de problème, j'irai l'enregistrer son virtuose de l'épouvante et du piano à bretelles. Congratulations à l'unisson de mes trois compères.

Peter nous invite à déjeuner au restaurant chinois qui lui sert de cantine. Après un passage dans les toilettes pour me recoker un brin et une bouteille de saké en guise d'apéritif, je suis regonflé à bloc. Le projet Amin est au centre de la conversation. Chacun y va de son appréciation. Ronnie, qui s'est régalé lorsque je lui ai raconté l'intermède Lucky-Albert, pense que je dois y aller ne serait-ce que pour faire la pige à ce fils de pute. Il le hait.

Il n'a toujours pas digéré qu'Albert lui ait fauché les membres de son groupe – The Hawks – pour les rebaptiser The Band – et en faire les musiciens de Bob Dylan. Claude est en pleines élucubrations ; Peter est convaincu que l'on tient un *smash hit* et n'en démord pas. Moi, tout ce que je vois dans ce délire, c'est la possibilité de tirer le gros lot, le jackpot, de concrétiser mon rêve : avoir enfin mon propre studio d'enregistrement. Si, accessoirement, je peux prouver à Albert qu'il peut se foutre son boycott dans le cul, ce n'est pas mal non plus.

Après m'avoir donné rendez-vous pour le lendemain, Peter nous quitte à la fin du repas. Claude me propose une petite virée en ville ; je décline son invitation : non seulement je suis naze mais j'ai mieux à faire en ce moment qu'aller foufouner de la Québecoise. J'ai besoin de réfléchir, de tout reprendre à tête reposée, de me refaire une santé. Peter a chamboulé mes plans. Je suis venu chercher un simple contrat de licence pour le Canada avec *Pumping Iron* et il me fait miroiter un hit international avec mon *Little Drummer Boy* accordéonisé par Amin. Ça bascule…

En ouvrant les yeux ce matin, je me demande si tout cela est bien réel. À froid, sur le plancher des vaches, je n'ai plus du tout la même vision des choses. J'ai accepté de me lancer dans cette aventure sans me poser la moindre question. Mon rendez-vous de cet après-midi sera déterminant. Aujourd'hui pas d'excès, j'y vais léger sur le mix énergétique, juste ce qu'il faut pour booster la grenouille[1].

Après déjeuner, Claude, gueule de bois et teint pâle, me dépose chez Polydor où je retrouve Peter qui n'a rien perdu de son enthousiasme de la veille. Un bon caoua suivi d'un rince-cochon, stylos et bloc-notes en main, nous entamons les négociations. Il s'agit de définir les termes et conditions du contrat d'édition discographique du projet Amin. Il me donne six mois pour réaliser un enregistrement avec un solo d'Amin Dada sur *Little Drummer Boy* et produire un album avec son groupe dans un répertoire de mon choix. En revanche, plus question d'un contrat de licence comme je l'espérais. Le requin est gourmand et intraitable. Sa société deviendra propriétaire des enregistrements mais la contrepartie est loin d'être négligeable : 16 % de royalties et 250 000 dollars d'avance.

Dans ma situation, impossible de refuser une telle proposition. Je maquignonne pour la forme mais ne traîne pas à lui donner mon assentiment. C'est inespéré, totalement fou : je surfe sur ma planche de salut.

Peter m'invite à prendre un *break* : il doit maintenant passer un coup de fil au grand patron. J'en profite pour aller saluer Yvan Gadoua, le directeur de Barclay Canada, dont le bureau est au même étage.

J'aime beaucoup Yvan, un ami qui m'a toujours été de bon conseil. Je lui demande ce qu'il pense de l'accord que je viens de passer. Il considère que c'est une excellente proposition et m'assure que Peter est

1. Grenouille : Mister Frog.

un homme de parole en qui je peux avoir entièrement confiance.

Lorsqu'il vient nous rejoindre, Peter rayonne. De retour dans son bureau, à peine passé la porte, il me serre dans ses bras. Accolade et embrassade sur fond de drapeau ougandais. Il vient d'obtenir l'accord du big boss à Toronto. Mais, petit bémol, je vais devoir attendre avant de faire sauter la banque : Polydor ne me versera les 250 000 dollars qu'à la livraison des masters et à la signature du contrat. C'est un problème de taille car je vais devoir financer le projet Amin moi-même et je n'en ai pas les moyens.

Lui serait-il possible de m'obtenir ne serait-ce que 10 % de cette somme ? Refus catégorique. En revanche, il me garantit une très bonne avance pour *Pumping Iron* dont le contrat de licence sera signé avant mon départ. Comme je n'ai pas la main, je lui glisse en plaisantant qu'il me serait désagréable d'avoir à le rappeler au bon souvenir de Lucky au cas où Polydor ne tiendrait pas ses engagements. Quelque peu choqué que je puisse douter de sa parole, il me jure que je n'aurai pas à le faire.

Affaire conclue, la balle est dans mon camp.

3

Ici, rien n'a changé. Woodstock, comme à son habitude, se regarde, s'ennuie, se branle, radote, s'étiole, cafarde. Les pointures du rock qui s'y sont fait piéger pataugent dans la désillusion. Elles se morfondent de bar en bar, se désespèrent de barbecue en barbecue, se jalousent de piscine en piscine, se cocufient de cottage en cottage. On tue le temps d'une fesse à l'autre sous les arbres qui bourgeonnent à l'ombre des Catskills[1] ensommeillées. Sept ans après l'onde de choc du festival, Woodstock, qui n'a jamais été vraiment *peace, love and happiness*, n'est plus que *sex and drugs*, sans plus beaucoup de rock and roll.

L'épicentre de ce phénomène, c'est une petite bourgade tassée de chaque côté d'un pont, à la jonction des routes 212 et 45, au bout d'une longue ligne droite qui la sépare de Woodstock : Bearsville, la bien nommée « ville de l'ours ». Albert Grossman y a construit son empire : le Bear Restaurant, le restaurant chic d'Albert,

---

1. Montagnes qui ont donné leur nom à cette région, au nord de l'État de New York.

le Bear Café, le café cool d'Albert, The Barn, la salle de concert d'Albert, les bureaux de Bearsville Records, le label d'Albert, et, perdus dans la forêt, ses studios d'enregistrement. Dans le secteur, à l'exception du Watering Troff, un bar de *rednecks*[1] à casquettes de base-ball et chemises à carreaux, dans lequel on va parfois traîner en fin de soirée pour jouer au billard électrique et finir de se beurrer la gueule, tout lui appartient.

Le Bear Restaurant est une très bonne table avec, comme il se doit, un chef français. Je connais bien l'établissement, tout particulièrement les cuisines, où j'ai fait la plonge tout un hiver quand j'étais dans la dèche. Albert est venu m'en sortir un beau jour de printemps :

— Jean-Yves, enlève immédiatement ton tablier et suis-moi, tu n'as rien à faire ici. Sally[2] m'a fait écouter les masters du Baba Scholae[3] ; allons dans mon bureau, j'ai une proposition à te faire…

Et voilà comment un laveur de vaisselle à la ramasse devient une rock star, et Jean-Yves « Mister Frog » : *only in America !*

Avec ses boiseries, ses moquettes anglaises, ses lumières tamisées et sa musique classique en sourdine, le Bear est fréquenté par les riches New-Yorkais en week-end, les stars de la scène rock et du cinéma, ou

1. Péquenauds, beaufs.
2. Épouse d'Albert.
3. Album enregistré à Londres en 1969 avec mon groupe, le Baba Scholae.

les huiles du *music business*. Les musiciens, ingénieurs du son et managers du label en ont aussi fait leur cantine. On ne paie pas l'addition mais le boss déduit les ardoises (parfois astronomiques) de nos royalties – rien ne se perd chez Albert.

Suite à notre altercation, je ne fréquente plus beaucoup le Bear Restaurant – juste son bar, à l'heure de la fermeture, pour y récupérer discrètement Milly, la magnifique et convoitée hôtesse d'accueil, pour une escapade nocturne.

Avec le beau temps, j'ai pris mes quartiers à la terrasse du Bear Café. C'est le QG d'Albertland, le rendez-vous quotidien des musiciens du cru qui, Screwdriver, tequila ou Bloody Mary en main, s'abreuvent, potinent, évaluent la qualité d'un nouvel arrivage de coke ou le potentiel d'une nouvelle serveuse, commentent les dernières frasques d'un de leurs congénères.

J'en ai ma claque de ces langues de pute qui vipérinent en se bécotant. Plus question pour moi de grenouiller dans ce marigot et de m'enliser dans ses intrigues. Cette petite virée canadienne m'a redonné la pêche : le moral est au beau fixe. J'ai ma mission : prêt à remonter le Nil à la nage, j'ai le cerveau en ébullition à la recherche de la solution qui me permettra de décrocher le jackpot.

Pour Elan, ma femme, ce projet Amin Dada, c'est encore une de mes lubies. Impossible de savoir ce qu'elle en pense. Elle sait que c'est une aventure risquée mais ne semble pas s'en inquiéter outre mesure. Elle ne fera rien pour m'en dissuader et je lui en suis reconnaissant. Passée maîtresse dans l'art de ne jamais laisser transparaître la moindre émotion, elle me donne parfois l'impression de vivre sur une autre planète. Elle a toujours été comme ça, un peu *space.*

Elan est née en Corée peu de temps avant que la guerre ne déchire « le pays du matin calme ». Ses parents se séparent pendant le conflit et elle est recueillie par son oncle et sa tante. Sa mère a émigré aux États-Unis. Elle finira par la rejoindre à New York au mitan des années 1960. Quand je la rencontre en 1967 au café Bonaparte, à Paris, où elle passe quelques jours avant de regagner les États-Unis via le Swinging London, c'est le coup de foudre.

D'une beauté à couper le souffle, tout droit sortie de ma boîte à fantasmes, cette ravissante poupée orientale est une ballerine qui a largué ses chaussons pour venir faire ses entrechats dans le rock. Je parviens à la ravir à Chris Huston, son fiancé. Ex-guitariste des Undertakers[1], c'est un producteur de renom qu'elle est censée retrouver à Los Angeles au terme de sa virée prénuptiale en Europe. Après deux ans d'une relation tumultueuse, je finis par l'épouser à New York en 1969 à l'occasion d'un voyage de reconnaissance outre-Atlantique. Insoumis, n'acceptant pas la résiliation de mon sursis certainement due à mon appartenance à un mouvement « révolutionnaire » qui avait foutu le boxon aux Beaux-Arts où j'étais étudiant en mai 1968, je brûle mon livret

1. Groupe britannique contemporain des Beatles et leader de la scène musicale « Merseybeat » du début des années 1960.

militaire et quitte la France : je suis recherché par la gendarmerie.

Nous finirons par nous installer définitivement à Woodstock dans la résidence d'été de ma belle-mère. Si elle avait eu sa résidence secondaire à Kalamazoo [1], je me serais exilé à Kalamazoo…

1. Petite ville du Michigan, siège de la manufacture des fameuses guitares Gibson.

4

Il n'y a vraiment que deux amis sur lesquels je puisse compter : John Holbrook et Todd Rundgren. John, un grand rouquin flegmatique, discret, très british, désarmant de gentillesse, est un ingénieur du son remarquable et un excellent guitariste. J'ai fait sa connaissance à Londres en 1969 dans les studios d'IBC[1] à l'occasion de l'enregistrement de mon premier groupe, le Baba Scholae. Il a quitté son job de *disc-cutter*[2] pour en devenir le *lead guitar*[3] et nous ne nous sommes jamais plus quittés depuis. J'ai obtenu d'Albert qu'il soit mon ingénieur du son pour l'enregistrement de *Mister Frog*, mon premier album avec

1. Dans les années 1960 et 1970, ces studios d'enregistrement situés au 35 Portland Place, à Londres, ont été fréquentés par les Beatles, les Rolling Stones, les Who, les Kinks, les Easybeats, les Small Faces, les Bee Gees, Deep Purple, Jimi Hendrix, Elton John, Rod Stewart, Jimmy Page, etc.

2. Ingénieur du son en charge de la gravure de la bande master d'un album à l'époque du vinyle.

3. Premier guitariste, soliste.

Bearsville Records. Après bien des péripéties et une batelée de coups bas, il est devenu l'ingénieur phare des Bearsville Studios. Lui non plus ne parvient pas à s'accommoder de l'ambiance toxique de Woodstock qui nous fait dévisser les uns après les autres.

Todd, c'est une autre histoire. Très *American glitter*, frimeur et arrogant mais bourré de talent, c'est déjà une star qui scintille au firmament de Bearsville Records lorsque je fais sa connaissance. Notre amitié s'est forgée derrière les consoles des studios pendant l'enregistrement de *A Wizard, a True Star* et de *Mister Frog*, sur les oscillateurs de nos synthés, dans les coulisses du rock prog et les vapeurs de nos élucubrations. Pendant de longs mois, nous avons partagé le quotidien d'épuisantes tournées qui nous ont bringuebalés des motels paumés du Midwest aux palaces des grandes villes, des scènes des universités américaines à celle de Carnegie Hall.

Il a quitté New York pour vivre dans sa propriété de Mink Hollow où il a monté depuis peu son propre studio d'enregistrement. Faisant fi du boycott d'Albert, il le met gracieusement à ma disposition. Au fait de mon projet Amin, il en reconnaît l'audace et le potentiel commercial mais pense que je prends de gros risques.

Comme l'IRS [1] vient de lui tomber sur le paletot, il ne peut pas m'avancer d'argent mais me refile le matériel d'enregistrement. Il tient aussi à ce que j'embarque son nouvel équipement vidéo Akai – l'un des tout premiers magnétoscopes portables en couleur – pour

1. Inspection des impôts américaine.

filmer mon aventure ainsi que les sessions d'enregistrement avec Amin. Je prends, l'idée et le matos.

En revenant de Mink Hollow, je passe chez John pour lui demander de me fiabiliser ce matériel d'enregistrement en vue des conditions dans lesquelles je serai amené à l'utiliser en Ouganda. Il accepte de le faire de bon cœur, mais se demande si tenter un coup pareil est vraiment une bonne idée. Il me fait remarquer que j'ai toujours eu le don pour aller me foutre dans des situations invraisemblables, qu'Idi Amin n'est pas Albert Grossman et qu'une fois là-bas, si ça tourne au vinaigre, je ne pourrai pas faire appel à mes petits copains italiens.

Bien vu Johnny, mais pour le moment c'est le cadet de mes soucis.

5

Si, techniquement, je suis opérationnel, financièrement, je suis toujours dans l'impasse. Après avoir contacté toutes les personnes susceptibles de me venir en aide (y compris mon banquier), aucune ne veut prendre le risque de financer une telle opération. Les jours passent, l'avance de Polydor fond à vue d'œil, mon inquiétude grandit.

Alors que je commence à désespérer, un vieil ami d'Elan, Heinz Vollenweider, chirurgien esthétique réputé dont j'avais fait la connaissance à Monte-Carlo quelques années auparavant, nous invite à passer une soirée à New York en compagnie de son épouse Catherine, une réplique superlative de Catherine Deneuve – certainement son chef-d'œuvre.

Ça va me changer les idées, et qui sait, il sera peut-être à même de m'aider : son entregent est phénoménal. D'origine autrichienne, Heinz est un étrange personnage. La cinquantaine, grand, bel homme, le port altier, les yeux bleus au reflet métallique, le cheveu blond-blanc gominé en arrière, extrêmement élégant, cet incontournable de la jet-set new-yorkaise aime à s'entourer des gens du rock, du cinéma, de l'underground. Riche, très riche, il investit aujourd'hui dans le cinéma. Coproducteur de *Pumping Iron*, il nous avait conviés il y a quelques mois à la première de ce film documentaire sur la gonflette qui vient de révéler Arnold Schwarzenegger et dont je me suis inspiré pour le single que je viens de placer au Canada.

Heinz a quand même un léger problème : il pique de temps en temps d'invraisemblables crises de démence antisémite. Vu son âge et son accent germanique encore prégnant, je ne jurerais pas qu'il a toujours exercé ses talents en Suisse ou aux États-Unis.

Une coupe de champagne à la main, accoudé à la rambarde de la terrasse de son penthouse, je laisse mon regard se perdre sur la cime des gratte-ciel qui clignotent au-dessus de Manhattan. Je suis tiré de ma contemplation par l'arrivée théâtrale d'une « reine de Saba », resplendissante vénus callipyge moulée dans une robe fuseau de lamé blanc qui contraste merveilleusement avec le noir de sa peau.

Je ne serais pas étonné d'apprendre qu'Heinz n'est pas étranger à la plastique de ce superbe transsexuel qui, une fois les présentations faites, vient se glisser entre Elan et Catherine sur le très grand canapé d'angle où nous sommes installés.

En fin connaisseur, Heinz est aux anges. Visiblement émoustillé par le sex-appeal qui émane de cette polychromie aphrodisiaque, il ne cesse de papillonner autour de ces trois grâces tout en remplissant leurs coupes. En d'autres circonstances il m'eût été difficile de ne pas succomber aux charmes de ces dames et de ne pas me joindre à lui dans ce prélude au libertinage, mais je n'ai pas la tête à ça. Le projet Amin me turlupine au point de me couper toute envie de participer à la chevauchée fantastique que laisse présager la composition d'un tel équipage. Je retourne prendre l'air sur la terrasse.

Au bout d'un moment, Heinz, qui voit bien que ça coince, vient m'y rejoindre. Je lui fais part de mon projet et des difficultés financières et stratégiques que je rencontre pour le mener à bien. Il reste quelques instants silencieux. Puis, posant sa main sur mon épaule, il me dit 1) qu'il trouve mon projet extraordinaire, 2) que malheureusement il ne finance pas ce genre d'opérations mais que 3) il a peut-être une solution pour en faciliter la réalisation. Il connaît assez bien l'ex-épouse d'Idi Amin Dada, réfugiée à New York, pour lui demander d'intervenir en ma faveur auprès de ses accointances ougandaises. Il m'assure qu'il va s'en occuper au plus tôt et se fait fort de m'obtenir tout ce dont j'aurai besoin sur le plan logistique pour atteindre mon objectif. Mettant subitement un terme à notre conversation, il m'incite à rejoindre notre charmante compagnie qui a profité de notre aparté pour faire plus ample connaissance.

Prétextant je ne sais quelle obligation, je décline son invitation aussi discrète que limpide à se lancer dans une partie fine avec ma femme, Catherine et Miss *Take a walk on the wild side.* Désolé *my dear* Heinz mais nous ne finirons pas la nuit dans le super king-size de ta chambre au plafond de miroirs…

Après quelques coupes de champagne de bienséance, c'est sur l'air de *What a Shame* que nous prenons congé et repartons pour Woodstock. *See you later, alligator*[1]…

1. « See you later, alligator » (à la revoyure) est une expression populaire américaine tirée de la chanson de rock and roll des années 1950 du même titre écrite par Bobby Charles. La chanson est un hit du Top Ten pour Bill Haley and His Comets en 1956 aux États-Unis. Bobby Charles, un artiste de Bearsville Records, ami de Mister Frog, vivait à Woodstock.

6

Bien que son financement me fasse toujours défaut, le projet se concrétise. Heinz a tenu parole. Grâce à son intervention, je viens d'obtenir mon visa auprès de la délégation diplomatique de l'Ouganda à New York et, cerise sur le gâteau, un lieutenant-colonel de l'armée de l'air ougandaise, informé de ma démarche par Madame ex-Amin, se propose pour me faciliter le contact avec celui-ci. J'ai le nom et le numéro de téléphone de cet officier que je dois appeler dès mon arrivée à Kampala. Cette fois, je tiens le bon bout.

En attendant la manne providentielle, je compose, enregistre un peu, picole bésef et travaille dur mon synthé dont je commence à tirer des sons de régiment de cornemuses à faire pâlir « Son Excellence le généralissime, président à vie, field marshal, roi d'Écosse, Idi Amin Dada ». Il est, paraît-il, fou de cet instrument. J'espère pouvoir l'embabouiner en lui chiadant un *showcase* d'enfer !

Par ailleurs, aussi incroyable que cela puisse paraître, mes relations avec Albert, mis au courant de mon projet par je ne sais quel fayot, se sont nettement améliorées et il n'est pas rare, à la stupéfaction de sa cour, que nous fassions table commune à la terrasse du Bear Café où, à l'ombre des tilleuls, ça jacasse, caquette, coquette, roucoule, s'échauffe et pavane ; les *great has-been* en devenir s'agitent beaucoup ces derniers temps, et pour cause…

Les douilles blond vénitien coupées à la garçonne, jolie frimousse aux grands yeux verts, Bonnie, une nouvelle serveuse, est le brandon de cet échauffement. Aguichante, dévastatrice dans sa minijupe de cuir noir et son débardeur météorisé par une paire de seins aériens qui vous aiguillonnent avec insolence, cette véritable *bombshell*[1] de Peter Driben[2] vient de se détacher de son poster pour se faufiler avec souplesse entre les tables.

Tous les cerfs du Bear Café sont en rut. Lourdingues, les rock and roll cow-boys rivalisent de grivoiseries, plaisantent gras, la draguent maladroitement et se font remballer aussi sec : la donzelle a le tempérament vert. Cela m'amuse et elle s'en aperçoit. « Vous trouvez ça drôle ? » me dit-elle en me servant mon brunch. Je lui réponds qu'elle ne peut pas se payer impunément la tête de ce bon vieux Newton en défiant avec une telle ostentation les lois de la pesanteur et que, s'il n'en tenait qu'à moi, le châtiment serait beaucoup plus sévère.

Vive, réactive, elle se marre. J'en profite pour lui demander ce qu'elle fiche ici et ce qu'elle fait dans la

1. Femme sexuellement attrayante.
2. Artiste américain, spécialisé dans le pin-up.

vie à part semer le bronx sur son passage. Là, elle éclate de rire et, provocante, me toise du haut de ses appas pour me demander pourquoi je tiens à le savoir. Je lui avoue que c'est tout simplement parce que j'ai repéré une magnifique Moto Guzzi sur le parking du restaurant en arrivant ce matin et que, renseignements pris, j'ai été fort étonné d'apprendre que c'était la sienne. Qu'amoureux des belles mécaniques, j'aimerais faire plus ample connaissance avec l'amazone qui chevauche une telle monture à la condition qu'elle accepte de dîner avec moi ce soir. Le courant passe. « Tu es vraiment un *crazy Frenchman* », me balance-t-elle en prenant l'air faussement sévère de la plus bandante des maîtresses d'école et d'ajouter que, comme elle aime le champagne, la cuisine française et ne peut résister à mon accent, elle accepte mon invitation. Clic-clac, demi-tour, elle s'est barrée, je suis scotché.

À 21 heures, ponctuelle, cintrée dans un blazer de flanelle bleu, chemisier blanc corseté d'une large ceinture en daim, chaussée d'escarpins et minijupée au ras du cul, Bonnie, avec cette assurance propre aux femmes qui ne trichent pas avec leur corps, fait son entrée au Bear Restaurant. Tous les regards cortègent cette comète qui les nichonne sur son passage avant de terminer sa course à la table où je prends l'apéro avec Philippe. Le chef du Bear a abandonné un instant son piano pour m'offrir un verre. Visiblement surpris par mon rancard, il me demande en français comment j'ai fait pour réussir à lever cette pisse-froid d'allumeuse.

— *The French touch*, Philippe ! *The French touch* !

— Tu parles… Français, je le suis autant que toi et je me suis fait jeter comme un craspec…

— C'est parce que tu n'as pas trouvé le *sweet spot*, son talon d'Achille…

— Ah ! Parce que, toi, tu l'as trouvé ?

— Sans problème.

— Et où ça ?

— *Elementary, my dear Watson*, dans ses bottes de motard…

— T'es totalement givré mon pote…

Avant de regagner ses cuisines, il ne peut s'empêcher de bigler comme un malade dans le décolleté de Bonnie et, d'un air entendu, louchard de convoitise, me souhaiter bon appétit. Quel con ! Pris de court, je n'ai pas le temps de lui dire d'aller se faire foutre. Peu importe, que la fête commence : champagne !

Il ne nous faut pas longtemps pour nous découvrir une véritable passion commune : celle de la vitesse. Elle à moto, moi en voiture : de quoi animer la conversation des deux *speed freaks* [1] que nous sommes. À la recherche d'émotions fortes, c'est une inconditionnelle des grosses cylindrées avec lesquelles, m'affirme-t-elle, aucune voiture ne peut rivaliser.

— Si tu avais le 12 cylindres d'une Miura SV au cul, je pense que tu serais un peu moins catégorique !

— Peut-être, mais je doute que le 12 cylindres d'une Lamborghini soit capable de me refiler les sensations intimes que me procurent les 1000 cc de ma Moto Guzzi…

1. Barjo fou de vitesse.

— Comment le sais-tu puisque tu n'as jamais essayé ?

— Pas besoin d'essayer, c'est tout vu…

— Qu'est-ce qui est tout vu ?

— Tu ne peux pas comprendre…

— Et pourquoi ?

— Parce que t'es un mec…

— Que veux-tu dire ?

— Que c'est un truc qui vous échappe…

Et « *bad girl Bonnie* » de me confesser que c'est avec un subtil dosage de vitesse pure et d'effets secondaires engendrés par les vibrations de son puissant bicylindre entre les gambettes qu'elle s'envoie au septième ciel au guidon de son gros cube. Je suis bluffé, chapeau ma belle : re-champ' !

Moi, je ne voulais pas être pompier mais pilote de course ! Depuis mon plus jeune âge, je suis fondu de bagnoles de sport. À jeun ou défoncé, ces bolides me procurent aussi la sensation de flirter avec le plaisir solitaire ! Bonnie a raison, c'est jouissif. Jouissif, au volant d'une 911, de mordre dangereusement le talus d'une route de montagne bordée de précipices en semant les flics lancés à ma poursuite. Jouissif d'être assez couillu pour jouer à la roulette russe avec une Mustang bodybuildée lancée à toute berzingue dans la ligne droite Woodstock-Bearsville à l'heure où ronflent les ploucs et bondissent les chevreuils. Jouissif de faire péter en chœur chronomètre et trouillomètre en titillant le point de non-retour !

Oui, je suis accro et quand je suis en manque, mon dealer en 6, 8 ou 12 cylindres, Walter Johnson, l'exrégisseur de Bob Dylan, maintenant importateur de prestigieuses GT italiennes, me file ma dose au volant de ses pur-sang transalpins dont je suis fréquemment le *test pilot*.

Le repas touche à sa fin. Nous nous sommes tout dit. Je porte un dernier toast à « dame Vitesse », tends ma coupe à Bonnie. Elle m'attire à elle pour la porter à ses lèvres, se penche vers moi, bat le rappel en resserrant les coudes. Il est grand temps d'aller prendre un digestif au bar où Michael, le barman black, mon vieil ami du temps de la plonge, nous offre un de ses redoutables cocktails dont il a le secret. Son effet est immédiat : *big bang !*

Je propose à Bonnie de la ramener chez elle. Le clin d'œil qu'elle m'adresse avant d'aller se repomponner est sans équivoque. En sortant du Bear dont les dernières lumières viennent de s'éteindre, je passe mon bras autour de sa taille ; ma main glisse, se risque, s'égare. L'époque n'est pas aux salamalecs, ici on couche le premier soir, c'est comme ça, c'est Woodstock.

Bien que le parking soit désert et faiblement éclairé, nous résistons à la tentation de mener à son terme notre petite séance de pelotage. D'un commun accord, nous décidons de faire durer le plaisir en brûlant de la gomme. En guise de préliminaires, une bonne poussée d'adrénaline ne pourra qu'intensifier notre embrasement.

Contact. Vitres baissées, on roule doucement dans la nuit, de Bearsville à Woodstock : *warm-up* indispensable pour amener le moteur et les pneus à la bonne température. Après avoir traversé le centre-ville et passé le petit pont qui enjambe Tannery Brook, je lâche les bourrins pour me jeter dans les premiers virages d'Ohayo Mountain Road. Survirage et légère perte du train avant me rappellent illico que la 3.0 CSi est capricieuse. Elle raccroche ; j'attaque, dérape sur les gravillons, contre-braque, écrase l'accélérateur et ça repart plein pot : *galoppano i cavalli !* Toccata et fugue au pédalier, full-patate, *powershift*[1] et valse des rapports font danser l'aiguille du compte-tours qui s'affole. À plein régime, le 6 cylindres en ligne chante, rugit, feule, gronde ; ratatouillage et pétarade d'enfer dans les décélérations : ça claque ! Bonny adore, dégrafe : je bande. Elle n'y est pas insensible : je plane. Dans la lumière des phares, les lignes blanches se détachent de l'asphalte pour me sauter à la gueule. Je suis limite, très vite, trop vite !

Dans une série de « S », chauffé à blanc, je m'emmêle les pinceaux, merde mon talon-pointe, perds le contrôle de ma béhème qui décolle pour aller s'encastrer violemment entre deux mélèzes centenaires. Baboum !

Mastard la carambole ! Le coupé est coincé, impossible d'en ouvrir les portières qui paluchent le tronc des arbres ; qu'importe, il nous est assez facile de nous en extraire, le pare-brise a volé en éclats.

Ce petit intermède n'ayant en rien freiné nos ardeurs, miraculeusement indemnes, nous allons leur donner libre cours dans le champ qui borde la route.

1. Monter les vitesses sans lever le pied de l'accélérateur.

Nous sommes en pleine félicité quand déboulent deux caisses de *state troopers*, gyrophardées et sirènes hurlantes. Elles s'arrêtent au milieu de la chaussée à tout juste vingt mètres de notre aire de jeux occasionnant l'interruption brutale de nos ébats. Aplatis dans l'herbe, nous tentons de nous dissimuler. Bonnie plaque son corps sur le mien, je la serre très fort ; dernier baiser, dernière étreinte : *bye-bye love*...

Ayant constaté qu'il n'y avait personne dans ma voiture, l'un des flics balaie les environs avec son projo. Son faisceau court dans le champ pour venir s'immobiliser sur une paire de fesses : nous sommes piégés. Beuglant dans son haut-parleur, il nous ordonne de ramener nos fraises les bras en l'air.

Cold turkey[1], on se resape à toute vitesse. Aveuglés, une main en l'air et l'autre finissant de réajuster nos fringues, nous regagnons tant bien que mal la route, où nous attend le comité d'accueil. Il n'est pas des plus folichons. L'officier qui le préside se la pète John Wayne pour nous lire nos droits et nous placer en état d'arrestation. Visiblement satisfait de son one-man-show, il ordonne à ses sous-fifres de me passer les menottes et de nous embarquer séparément pour le poste de police. J'ai un dernier regard pour Bonnie qui s'éloigne entre deux troopers et pour ce qui reste de ma 3.0 CSi stroboscopée de bleu par les gyros qui toupinent dans la nuit. Je ne les reverrai plus : ma BMW partie à la casse et Bonnie sous d'autres cieux.

1. Arrêt brutal d'une substance, état de manque.

Après avoir passé une nuit en garde à vue chez le shérif, accusé de DWI (*driving while intoxicated* – conduite sous influence) avec retrait de permis et convocation devant le juge, je suis libéré sous caution au petit matin.

Merci à la robustesse de la mécanique allemande, merci à la bienveillance des mélèzes, merci aux charmes de Bonnie et à la toute-puissance de ses phéromones… mais surtout merci à un très bon contrat d'assurance qui, en me remboursant intégralement ma magnifique teutonne, va me permettre de financer l'opération Amin. Fais péter l'accordéon, *big daddy*, j'arrive !

7

Avec ma femme, mon fils Maya et Fjord, son persan bleu, nous venons de nous installer dans la maison familiale. Pas question de les laisser à Woodstock. Ici, dans les Bois noirs, aux confins de l'Auvergne, je sais qu'ils seront en sécurité et que mes parents en prendront soin au cas où… Car je commence à penser au cas où…

Aux dernières nouvelles, la situation a encore empiré en Ouganda. Après le raid d'Entebbe et sa première purge, les journaux rapportent qu'Amin Dada vient de remettre le couvert. Ses sbires liquident actuellement les Acholis et les Langis, deux ethnies coupables, dans sa paranoïa, de conspirer contre le régime et de vouloir attenter à sa vie. Il va falloir la jouer fine et ne pas m'éterniser à Kampala. De toute façon, vu l'état de mes finances, j'ai tout juste de quoi tenir là-bas trois ou quatre semaines, au plus.

Jour après jour, je sens grandir en moi une vieille angoisse que je connais bien : celle du départ. Depuis ma plus tendre enfance, trop d'années d'internat au petit séminaire m'ont fait redouter le vide de la séparation. Tard le soir, seul sur la terrasse de la villa, dans ce village où j'ai grandi, je retrouve la douceur des nuits d'été dans les monts du Forez et me laisse emporter par l'avalanche de mes souvenirs. Accompagné d'une chorale de hiboux, je chante aux étoiles le blues du petit séminariste qui se retrouve encore une fois le cœur et le cul nus : *Rock me Amin !*

Quelques jours avant mon départ, je tiens à saluer mon grand-père maternel, Raphaël Antoine de Rossi dit « le Cagneur ». C'est une légende familiale, presque un mythe. Un homme solitaire qui parle peu. Ma mère et sa sœur ont glané, entre ses silences, quelques fragments de sa vie. Croix de guerre en 1914 – il allait chercher les blessés dans le *no man's land* et ne craignait pas de s'aventurer derrière les lignes ennemies. Compagnon du Tour de France dans sa jeunesse, coureur cycliste, il est aussi l'inventeur du démultiplicateur de vitesse du vélo des pistards. Poète, compositeur, mais surtout parolier, il est, avec un Russe de ses amis, l'auteur de la mélodie de *Strangers in the Night*. À ce propos, il me répétait souvent qu'un bon arrangement (celui qu'il avait passé avec le clan Sinatra) valait mieux qu'un mauvais procès.

Je l'ai toujours connu éditeur de musique sous l'enseigne de la Paris-New York Musica Film. Mais qui donc était-il vraiment ? D'où venait-il ? Mystère…

Il y a assez de place pour la vie de deux ou trois hommes dans la sienne. À la mort de ma mère, ayant découvert dans ses archives qu'elle était pupille de la nation, toutes les hypothèses sont permises, y compris celle d'un scénario à la Martin Guerre. Il m'arrive encore de m'interroger.

Quoi qu'il en soit, c'est lui, mon grand-père, qui me réconfortait d'un regard, m'apaisait d'un geste, me redonnait confiance en quelques mots lorsque mon père me sermonnait avec sa litanie de poncifs petits-bourgeois. C'est lui, « le Cagneur », qui comprenait mon goût pour la bagarre, ma passion pour la musique et mon refus inconscient mais obstiné de l'ordre moral d'après-guerre. C'est lui qui m'a acheté mes premiers instruments de musique : guitare et flûte traversière. C'est lui aussi qui m'avait planqué secrètement un sac de couchage au fond d'un placard dans la véranda de sa maison pour que je n'aie pas froid si, d'aventure, je devais venir m'y réfugier pour y passer la nuit lors de mes fugues à répétition. Sans oublier qu'amateur et propriétaire de belles automobiles, il m'a refilé le virus.

Il est inconcevable de partir sans le revoir. Accompagné d'Elan, Maya et ma mère, je vais lui rendre visite chez ma tante dont la propriété n'est qu'à une petite heure de voiture de Saint-Just-en-Chevalet. Comme à son habitude, coiffé de son inséparable feutre gris, il est tiré à quatre épingles dans son costard à fines rayures et veste croisée. Il se meurt d'un cancer et a perdu l'usage de la parole. Je lui prête mon bras pour le conduire lentement vers l'un des bancs du parc qui surplombe la plaine de Limagne. Je l'aide à s'asseoir, me place à ses côtés, lui prends la main. Nous contemplons ensemble les villages en contrebas, la mosaïque des champs de colza, les nuages qui s'effilochent à l'horizon sur la chaîne bleue des vieux volcans. Je lui parle de mon projet, de mes espoirs et de mes inquiétudes. Par d'imperceptibles petits signes, je sais qu'il m'écoute avec attention. À la fin de mon monologue, sa main se resserre dans la mienne ; je le vois pleurer pour la première fois, j'en suis bouleversé. Dans ses yeux qui m'en disent tant, je suis certain de recevoir la bénédiction aimante du Cagneur.

Mon grand-père ne connaîtra pas la suite de l'histoire. Il nous quittera quelques jours après ma visite, en cette fin du mois de juillet 1977, le matin même où mon avion se pose sur la piste de l'aéroport d'Entebbe.

8

Ultimes préparatifs, énième vérification de mon matériel d'enregistrement, mes valises sont faites, je pars demain.

Veillée d'armes en famille. Le repas du soir n'en finit pas, personne ne veut être le premier à quitter la table, chacun essaie maladroitement d'animer la conversation. Mon père, dépassé par la situation, se la joue encore un peu *pater familias* en bout de table. Ma mère ne cache pas son inquiétude, mais contrôle ses émotions ; il y a bien longtemps qu'elle s'est fait une raison en ce qui concerne les foucades de son pigeon voyageur. Mon fils, quant à lui, est très préoccupé par le devenir de son chat qui va rester à Saint-Just alors qu'il sera en Bretagne avec sa mère et la tribu au grand complet, réunie comme chaque année à Saint-Guénolé pendant les vacances d'été. Je le rassure, Fjord sera chouchouté par Marguerite, la bonne, qui s'occupera de lui et des piafs des deux serres-volières de mon père. Tout un programme : ce félin, « cocaïno-cat » à ses heures, est un redoutable prédateur !

Elan, le regard fixe, les yeux dans le vague, esquissant de temps à autre un sourire de convenance, fait bonne figure, mais je sais sa tristesse. Je lui propose, avant que ne tombe la nuit, d'aller nous promener dans le village. Cette soirée est la nôtre, nous en avons besoin. Sur la place de l'église, déchirant l'air du soir de leurs sifflements en trille, les martinets nous offrent un ballet de haute voltige et nous entraînent dans une ronde céleste qui fait danser le coq du clocher.

Assis sur un vieux banc de pierre, Maya sur mes genoux, Elan blottie contre moi, je bénis l'organiste qui s'attarde sur son Cavaillé-Coll, nous gratifiant ainsi d'un petit récital. Une cantate traverse les murs de la collégiale pour venir nous tenir compagnie et réveiller en moi un lointain souvenir.

Voilà bien longtemps, enfant de chœur, en sonnant l'angélus, je remarquai que la porte d'une des tours du narthex était restée ouverte. Son escalier en colimaçon permettait d'accéder aux orgues. Grimpant à toute vitesse, j'étais monté à la tribune et j'avais osé : osé jouer pour la première fois de cet instrument qui m'a dépucelé les oreilles, ouvert le cœur et a provoqué la Rencontre en enluminant à tout jamais le *Soli Deo Gloria* de Jean-Sébastien Bach. Jouant par-delà moi-même, je n'existais plus, et, comme elle avait pris possession de mon être, je découvrais, par flambées de petites improvisations, que la musique est la plus belle des prières.

Dès que je le pouvais, à la recherche de cet état de grâce, je pris l'habitude de venir prendre mon fix en cachette jusqu'au jour où, m'ayant surpris, l'archiprêtre coupa la soufflerie : effroi, décrochage brutal, chute vertigineuse alors même que mon âme, portée par les sept couleurs du vent, cerf-volait aux portes du paradis…

J'ai séché dans le rock les larmes de cet enfant humilié qui ne s'est jamais vraiment remis de cette descente aux enfers. Mais c'est une autre histoire…

9

Roanne est une petite ville de province sans aucun intérêt si ce n'est pour l'industrie militaire son arsenal, et pour les fines gueules le restaurant des frères Troisgros, qui fait face à la gare où nous venons d'arriver. Elan, Maya et ma mère m'accompagnent. Sur les quais déserts, un chef de gare délustré fait les cent pas puis, pour tromper son ennui, traverse les voies sur lesquelles se tamponnent les wagons à l'attelage, grincent les bogies et ronronne le diesel des motrices à la manœuvre. Moche, désolante de monotonie, cette petite gare a la particularité de faisander l'atmosphère et de vous foutre le moral à zéro.

Voilà mon train. Je monte mes bagages à bord de ma voiture. J'en redescends dare-dare pour embrasser encore une fois mon fils, ma femme et ma mère. Le convoi s'ébranle. Je regagne mon compartiment. Je me penche à la fenêtre pour apercevoir un enfant accroché aux basques de deux femmes qui, blotties l'une contre l'autre, craquent dans un dernier geste d'adieu. Elles me foutent en morceaux, me déchirent et pour un instant, tant leur amour me fait mal, je veux sauter du wagon, tout plaquer. Anéanti, je remonte la vitre, cherche ma place, me tasse sur mon siège, me vide de tout, ferme les écoutilles : *it's closing time.*

J'ai perdu la notion du temps lorsque j'arrive gare de Lyon. Paris maintenant est ailleurs, j'y suis un étranger. Paname ne pince plus le cœur du petit provincial qui a fini par y saloper tout ce qu'il trimballait encore d'innocence. Au bout de ce quai qui n'en finit pas, sur son escalier à double volée, trône Le Train bleu, indissociable pour moi de son exceptionnel cocktail homonyme qui, au gré des flots du curaçao, m'emporta bien souvent beaucoup plus loin que Vintimille dans le confort de l'un de ses clubs. Ce n'est plus ma destination, je passe sans un regard, anonyme, indifférent.

Je me coltine mes valises, de plus en plus lourdes... Les yeux rivés au sol, je compte mes pas jusqu'au bitume du trottoir où je relève enfin la tête, j'y suis : taxi !

À peine arrivé à Roissy, je m'empresse de valider mon vol, d'enregistrer mes bagages, de passer le contrôle des douanes et de rejoindre au plus vite mon terminal afin de me reposer un peu. Chloroformé, je flotte, je suis là et ailleurs, nulle part.

L'embarquement sur le vol pour Entebbe – via Athènes et Nairobi – n'a pas été facile. Il m'a fallu argumenter sérieusement pour pouvoir transporter mon matériel d'enregistrement en cabine. Finalement, tout s'arrange après avoir informé le commandant de bord de ma destination et lui avoir confié le but de mon voyage. Durant leur formation, on doit apprendre aux stewards d'Air France à ménager les cinglés, car c'est avec une grande courtoisie qu'une hôtesse de l'air m'aide à glisser mon matériel derrière la dernière rangée de sièges au fond de l'appareil. Malgré toutes les petites fioles de whisky, brandy, cognac et autres spiritueux que je m'envoie cul sec, je ne parviens pas à me débarrasser de cette boule au ventre qui ne m'a pas lâché depuis ce matin.

Hellinikon, première escale de mon voyage. J'en profite pour visiter cet aéroport d'où je peux apercevoir, au loin, le Parthénon qui s'illumine alors que la nuit tombe sur l'Acropole, douce, apaisante, hellénique. Regrettant de ne pas avoir le temps d'y faire une petite virée, je m'ouzote méthodiquement de comptoir en comptoir puis, un tantinet en brosse et sans but précis, je me fonds dans le flux carnavalesque des touristes : ça me débonde.

Après ce *stop-over*, j'hérite d'un compagnon de voyage : un missionnaire anglican qui regagne son ministère en Tanzanie.

« Tu seras missionnaire », m'avait dit cette voix qui semblait venir du ciel et m'avait fait lever les yeux vers la Vierge Marie quand, tout jeune élève chez les maristes, je jouais au ballon dans la cour de récréation avec mes petits camarades. Théophanie aussi soudaine qu'inattendue qui allait marquer ma vie du sceau de la vocation. De fugue en fugue, de petit séminaire en petit séminaire, à la fin de mes études secondaires, malgré quelques hésitations, je décidai de rentrer dans les ordres et allai moiniller chez les bénédictins de La Pierre-qui-Vire. Attristé et soulagé à la fois, je renonçai finalement à la cléricature sur les bons conseils du père abbé qui avait su me faire comprendre que ma vocation était ailleurs.

De retour dans le monde, je ne me séparerai jamais plus du Nouveau Testament (dans l'édition de poche de l'École biblique de Jérusalem), ni de *L'Ecclésiaste*, ma petite *machine enigma* qui me permet encore de décoder les apparentes incohérences de la vie. Ils sont bien là, dans ma valise, alors que je m'envole à la rencontre du diable fait homme.

Un homme de Dieu est généralement de bonne compagnie. Mon missionnaire de voisin ne déroge pas à cette constatation. Il me parle de ses œuvres à Dar es Salam, je lui raconte Woodstock, notre conversation, fort agréable, va bon train.

— C'est la première fois que vous venez en Afrique ?

— Oui, mon père…

— Vous allez au Kenya, je présume… en vacances, peut-être ?

— Non, je ne suis pas en vacances et je vais en Ouganda.

— En Ouganda ! N'y allez pas, mon ami, ce pays a sombré dans la barbarie… C'est très dangereux… Vous prenez là des risques inconsidérés…

— Je sais…

— Vous savez ! Mais alors pourquoi y allez-vous ? Qu'allez-vous donc y faire ?

— Enregistrer Amin à l'accordéon…

— Quoi ? Enregistrer… Amin Dada… jouant… de l'accordéon…

Il n'en croit pas ses oreilles. Consterné, il ne comprend pas qu'il n'y a rien à comprendre ; il ne le peut pas : la « planète Woodstock » ne fait pas partie de sa galaxie. Inutile d'insister. Il insiste pourtant en me proposant de l'accompagner dans sa mission, où je pourrai rester aussi longtemps que je le souhaiterai. Je décline cette invitation de la dernière chance. À bout d'arguments, il se retire dans le silence. Quand nos regards se croisent, il me sourit tristement. Je somnole jusqu'à l'atterrissage à Nairobi, d'où il rejoindra sa destination et moi la mienne. Avant de nous séparer à l'aéroport Jomo-Kenyatta, il me tend un petit bout de papier sur lequel il a griffonné son numéro de téléphone et une adresse postale. Il me dit adieu en m'assurant qu'il priera pour moi.

Bien que le vol pour Entebbe se fasse sur le même appareil, les voyageurs pour l'Ouganda sont priés d'en descendre pour rejoindre, sous bonne escorte, une zone de transit à l'écart de celle des autres voyageurs. Ce premier contact avec l'Afrique n'est pas des plus enthousiasmants.

À la queue leu leu, nous sommes tout juste une dizaine de passagers à traverser le tarmac dans des odeurs de kérosène et de caoutchouc brûlé pour nous rendre dans une annexe du terminal de l'aéroport. Un rangée de soldats y monte la garde : y a de la guéguerre dans l'air… S'observant à la dérobée, chacun s'isole et patiente en silence. On attend là, taiseux, distants, immobiles, face à la piste d'atterrissage qui ondule sous le soleil.

Les yeux fixes, je tue le temps en observant deux gus en combinaisons de mécano traîner paresseusement, sans but apparent, le tuyau d'un camion-citerne. Ils deviennent de plus en plus flous, ne sont plus que les pantomimes d'une espèce de mirage dans lequel ils se liquéfient, se dissolvent, s'évaporent, disparaissent : je m'endors.

Je suis réveillé par l'agitation soudaine qui s'est emparée de mon entourage. Nous sommes enfin invités, toujours sous bonne escorte, à regagner notre avion pour la dernière étape du voyage.

10

Il nous faudra un peu plus d'une heure pour atteindre notre destination. Lorsqu'il me sert une collation, je demande au steward s'il sait pourquoi nous avons été confinés de la sorte lors de notre escale à Nairobi.

— Vous n'êtes pas au courant ?

— Au courant de quoi ?

— De la tension entre l'Ouganda et le Kenya… Ils sont sur le pied de guerre !

— Sérieux ?

— Assez sérieux pour avoir massé leurs troupes à la frontière dans l'éventualité d'un conflit armé.

— Vous pensez que ça peut péter ?

— Avec Amin, on ne sait jamais… Pour le moment ça va, on maintient nos vols…

— Que voulez-vous dire ?

— Que si conflit il y a, les liaisons aériennes seront interrompues.

— Merde, je vais à Kampala…

— Bon courage…

Je flippe. Ces nouvelles sont alarmantes, ce bousin pourrait tout foutre en l'air ! Je pense à mon contact, mon homme-clé, ce lieutenant-colonel de l'armée de l'air ougandaise dont je n'ai que le numéro de téléphone. Je vais l'appeler dès mon arrivée à Kampala pour le rencontrer au plus vite : sans lui, je suis foutu. J'en suis là dans mes réflexions quand notre avion amorce sa descente. Le nez collé au hublot, j'aperçois, sur les rives du lac Victoria, un ruban de bitume qui se profile dans la savane pour venir terminer sa course devant une petite tour de contrôle accolée à un grand bâtiment en préfabriqué blanc autour duquel s'éparpillent pêle-mêle dépôts, baraquements et hangars : l'aéroport international d'Entebbe.

Une rangée de vieux Mig borde la piste sur laquelle vient de s'immobiliser notre A300B. Dernier des passagers à quitter la cabine, chargé comme un mulet, je descends avec précaution l'étroite passerelle métallique qui flirte dangereusement avec la carlingue. Une fois sur le tarmac, je me dirige vers le terminal sous le regard curieux du personnel qui décharge les soutes et de celui, plus attentif, de la soldatesque qui observe la manœuvre. En regardant la tour de contrôle encore criblée d'impacts de balles, je ne peux m'empêcher de penser au raid israélien qui, il y a tout juste un an, dans la nuit du 3 au 4 juillet 1976, avait permis de libérer les otages de l'Airbus d'Air France détourné par un commando de l'OLP.

Le contrôle des douanes et la fouille ont lieu dans le hall principal de l'aérogare. Après l'avoir retirée d'un amoncellement de bagages étalés à même le sol, je dépose ma Samsonite et tout mon barda sur une enfilade de grandes tables en bois brut. Le tout est ouvert et examiné méticuleusement par deux douaniers tandis qu'un de leurs collègues vérifie mes documents. Si mon matériel d'enregistrement et ma vidéo ne semblent pas poser trop de problèmes, pour mon synthé c'est une autre affaire.

Il faut dire qu'ouvrir un banal attaché-case en plastique noir et découvrir que c'est un appareil électronique sophistiqué, composé de rangées d'oscillateurs, de modules étranges truffés de boutons multicolores, abritant dans son couvercle un *sequencer*[1] ainsi qu'un petit clavier thermo-contact aux touches bleues, peut amener quiconque à s'interroger sur la nature de cet instrument insolite qui me fera surnommer « l'homme à la boîte magique » par les musiciens ougandais avec lesquels je jouerai plus tard. Il sera aussi la source de tous mes problèmes.

Pour mettre un terme à leur perplexité et leur prouver qu'il s'agit bien d'un instrument de musique, je propose à mes gabelous ougandais de leur faire une démonstration. Ils hésitent, se concertent puis, m'ayant reconnu sur la couverture d'un des disques que j'ai eu la bonne idée d'emporter avec moi, décident enfin de me laisser passer après avoir tracé un grand X à la craie rose sur toutes mes valoches.

Je me dirige vers ce qui me semble être un bureau de change pour convertir mes dollars en livres

1. Appareil électronique qui sert à automatiser l'exécution d'une séquence musicale.

ougandaises. Le taux est ahurissant : 7 shillings ougandais pour 1 dollar, ce qui fait de l'Ouganda l'un des pays les plus chers au monde. Je ne change qu'une infime partie de mon pécule en espérant trouver ailleurs un taux de change plus favorable.

11

Stationné devant l'aéroport, un bus que l'on devine vert et jaune sous son manteau de terre à brique assure la navette pour Kampala. Sa galerie disparaît sous une montagne de paquetages hétéroclites avec, à leur sommet, en équilibre précaire, une grande cage d'osier dans laquelle se disputaillent à coups de bec, poules, coqs et poulets. Pas question d'y monter mes bagages. Ignorant les protestations du conducteur, je les dépose à mes côtés sur la banquette arrière de cet autocar pris d'assaut par un essaim bruyant de villageois qui se rendent au marché.

Bien que la capitale ne soit qu'à une trentaine de kilomètres d'Entebbe, il nous faudra plus d'une heure pour arriver à destination. Cramés par le soleil, les villages que nous traversons disparaissent dans un nuage de poussière rougeâtre. Disparaît aussi dans le sillage doré de l'omnibus cette femme qui, debout sur le bord de la route, a retroussé son boubou et écarté les jambes pour pisser dru dans l'indifférence générale.

Ancienne colonie britannique oblige, on roule à gauche en Ouganda – ou on s'efforce de le faire. La circulation chaotique se transforme en un gymkhana dans lequel, frôlant les obstacles, notre chauffeur slalome hardiment pour se frayer un passage à grands coups de klaxon. Petit à petit, le bus se vide de ses occupants. Je suis le seul et dernier passager qu'il dépose à son terminus. Au cœur de Kampala, entouré d'un parc luxuriant planté de palmiers et orné d'imposants massifs de fleurs, l'Hôtel International est un bâtiment moderne, d'un blanc éclatant. Élevées à flanc de colline, ses deux barres d'une douzaine d'étages quadrillées de balcons et reliées l'une à l'autre par une grande tour lui donnent des airs de Bauhaus.

Le hall de réception, avec son enfilade de colonnes en faux marbre, ses îlots de faux clubs en faux cuir et sa lustrerie scintillant de mauvais goût, ressemble à celui de tous ces hôtels américains qui prolifèrent dans les métropoles du monde entier. À la réception, une hôtesse *made in Holiday Inn* quitte les collègues avec qui elle papotait à l'autre bout du comptoir pour venir s'occuper de moi. Plus Askari des *King's African Rifles* qu'hôtesse d'accueil, elle épluche méticuleusement mon passeport puis le glisse dans le tiroir de son burlingue en me faisant savoir qu'elle ne me le rendra qu'à mon départ : c'est le règlement !

Elle me tend alors une petite carte de couleur verte frappée aux armes de l'Ouganda sur laquelle elle a gribouillé mon nom. Ce bout de carton est supposé faire office de pièce d'identité pendant mon séjour : c'est le piège à cons !

Welcome in Ouganda, Mister Frog !

Un boy charge mes valises sur son caddie et se dirige vers la cage d'ascenseur à l'extrémité du hall. Elle fait face à une volée de marches qui mène à la salle du restaurant.

Ma chambre, elle aussi, est semblable à toutes les chambres de ce type d'hôtel : un petit corridor flanqué d'un placard-dressing à droite, d'une salle de bains à gauche, deux lits jumeaux, un bureau et l'inévitable petit frigo gorgé de mignonnettes et de boissons tièdes, le tout ensoleillé par une baie vitrée donnant sur un grand balcon. La vue est superbe : Kampala la coloniale au premier plan, la savane en toile de fond.

Avant même de défaire mes bagages, je me précipite sur le téléphone pour appeler mon contact. Une tonalité continue m'empêche d'obtenir la communication. J'essaie à nouveau ; rebelote. J'insiste et finis par obtenir un signal d'appel couvert par une série de grésillements qui rendent toute conversation inaudible, je raccroche, décroche à nouveau ; cette fois la ligne reste muette. Toute communication extérieure est impossible. Qu'est-ce que c'est que ce bordel ! Furieux, j'appelle la réception pour leur signaler le problème et demande à changer de chambre immédiatement. Un employé vient vérifier ma ligne téléphonique, constate sa défaillance et me conduit dans une autre chambre, identique, à l'étage supérieur. Je lui demande d'essayer le téléphone. Il fonctionne. C'est bon, il peut se casser.

Le lieutenant-colonel lui-même répond à mon appel. Fort accommodant, il me fixe rendez-vous ce soir au bar de l'hôtel à 21 heures. Pour qu'il puisse m'identifier je lui communique mon signalement et ma tenue vestimentaire : 1,75 mètre, les yeux bleus, cheveux mi-longs châtain clair, foulard vert noué autour du cou, chemise blanche, saharienne et pantalon beige, mocassins sable, fume-cigarette en ivoire. Pour sa part, hormis le fait qu'il ne sera pas en uniforme, il ne me donne aucune indication : il n'aura aucun problème pour me reconnaître. *OK my man...*

Je suis soulagé : tout se passe comme prévu. J'emménage, range soigneusement mes affaires, installe mon synthé sur le bureau pour un check-up puis le planque prudemment avec mon matériel d'enregistrement au fin fond de la penderie. Après avoir pris une douche et changé de vêtements, je décide d'aller faire une petite balade pour me familiariser avec ma nouvelle résidence et son environnement.

En sortant, je constate que la serrure de la porte de ma chambre ne fonctionne pas correctement. Le verrou de sécurité est défectueux, il est impossible d'en assurer la clenche de l'intérieur. Fort heureusement à l'extérieur ça marche ; je ferme à double tour avant de descendre au bar, ma première étape.

Accoudé au zinc, je sirote un bourbon tout en observant une tablée de pingouins, mâles et femelles, dont les costards et les toilettes sortent tout droit d'une garde-robe des années 1950. Ils parlent bas, très vraisemblablement en russe, avec des tronches de conspirateurs. J'apprendrai par la suite qu'ils font partie d'une délégation de coopérants soviétiques. Ils occupent le dernier étage de l'hôtel, qui leur est entièrement réservé, vivent en vase clos et évitent tout contact avec les autres résidents.

Un autre bourbon cul sec et j'abandonne la fraîcheur du bar pour aller faire le tour de la piscine qui miroite dans le prolongement de la terrasse. Autour de son bassin, allongées sur des transats, quelques Anglo-Saxonnes à la peau molle et blanche osent le bikini pour se faire rôtir au soleil pendant que leurs hommes discutent affaires à l'ombre des parasols. Je comprendrai très vite que cette piscine, fréquentée par tout ce que la ville compte de ressortissants étrangers et de membres de l'oligarchie ougandaise, est le « Casablanca » de Kampala.

Je largue mes naïades sur le retour et pars me promener. En traversant le hall de l'hôtel, je suis attiré par de la musique qui s'échappe d'une porte entrouverte. Curieux, je pénètre dans une vaste salle plongée dans la pénombre, slalome entre les tables pour venir m'asseoir au plus près d'une scène éclairée par une rangée de spots multicolores sur laquelle des musiciens se chauffent : c'est le night-club de l'International. Je leur adresse un petit signe de la main auquel ils répondent en souriant. Leur répèt terminée, j'engage la conversation ; ils parlent anglais : c'est le groupe qui fait danser le club tous les soirs. Très sympas, ils m'invitent à prendre un verre avec eux et, présentations faites, on décide de se revoir.

Entré dans le night-club par une porte de service, j'en ressors par l'accès public à l'arrière du bâtiment, la face cachée de l'hôtel. Je traverse le parc pour rejoindre Kampala Road, la grande avenue qui traverse la capitale d'est en ouest, l'artère principale du centre-ville où s'alignent boutiques, commerces, échoppes, ateliers, restaurants indiens et étalages de vendeurs à la sauvette… Je repère un *duty free* où un écriteau invite les touristes à venir dépenser leurs devises, ce que je fais en achetant une cartouche de Rothmans et deux bouteilles de Johnnie Walker. Je flâne encore avant de regagner ma chambre pour y piquer un petit roupillon en attendant le repas du soir et mon rancard avec le lieutenant-colonel.

Oxtail soup, un steak-frites dans lequel je tords ma fourchette, un fromage de biquette qui s'émiette au premier coup de couteau, une crème brûlée-cramée, le tout arrosé d'un vin d'origine non identifiée composent un menu coup-de-bambou qui soulage mon portefeuille plus que mon appétit. Un bon café (ougandais et excellent), puis je descends au bar où un digestif s'impose : l'heure de mon rendez-vous approche.

Voilà maintenant plus d'une heure que, le cul dans un fauteuil, fourmis dans les guiboles, je scrute attentivement la clientèle. Personne ne se manifeste. Je commence à m'inquiéter. Où est passé ce foutu lieutenant-colonel ?

J'en suis à mon quatrième godet quand, venu de nulle part, un homme vient discrètement s'asseoir à la table qui jouxte la mienne. Trahi par ses pompes, ce pourrait bien être un militaire en civil. Visiblement mal à l'aise, il ne cesse de balayer la salle du regard, puis, sans tourner la tête, me demande si je suis bien la personne qui a rendez-vous avec le lieutenant-colonel Mukooza.

— Oui, c'est exact. Bonsoir mon colonel…

— Bonsoir monsieur, je ne suis pas le lieutenant-colonel Mukooza... Il m'a envoyé vous dire qu'il ne pourra pas vous venir en aide... et aussi de ne plus essayer le contacter... Il m'a également chargé de ce message à votre attention : oubliez votre projet et repartez au plus vite. *Good night sir...*

Je suis sonné. Avant même que je puisse réagir, il se lève et me fausse compagnie. Il a le feu au derche, ce messager de l'abîme ! J'ai du mal à comprendre. Le coup est rude, que se passe-t-il ? Que « l'homme-clé » de mon projet fasse défection me démâte, mais qu'il me recommande de décamper alors que je viens juste d'arriver me chavire. Quoi qu'il en soit, il n'en est pas question : j'y suis, j'y reste !

De retour dans ma chambre, je m'empresse de raconter tout ça à ma bouteille de Johnnie Walker. Attentive, généreuse et compatissante, elle s'offre à moi jusqu'à sa dernière goutte pour me faire oublier ce coup tordu.

12

Boum, boum, boum : *room service*… J'ai l'impression que les tambours du Burundi vont me faire péter le caisson. Les coups sur la porte de ma chambre me tirent d'un lit dans lequel j'ai dormi tout habillé. Je me passe la tête sous l'eau et m'inonde d'*after-shave* avant d'aller ouvrir la lourde à un garçon d'étage qui m'apporte le petit-déjeuner. Je lui demande de le déposer sur la table du balcon ; j'ai grand besoin d'air frais et d'un peu de soleil.

Tout en s'affairant, il engage la conversation. D'une extrême curiosité, il fait traîner le service pour me bombarder de questions. Ce crampon va finir par me beurrer les tartines en jouant les prolongations.

Ça suffit ! Je le congédie. Je comprendrai plus tard qu'il était, comme tous les employés de cet hôtel, un informateur à la solde du redoutable *State Research Bureau*[1], mais nous n'en sommes pas là.

---

1. Le Bureau de recherche de l'État était une agence de renseignement ougandaise. Active de 1971 à 1979, cette police secrète (véritable Gestapo) a fait régner la terreur sous le régime du

Rien de tel qu'une bouillante de café ougandais pour vous remettre les idées en place, et ça urge.

Quid de la dérobade de Mukooza ? Que s'est-il passé entre l'heure de notre conversation téléphonique et celle de notre rendez-vous ? À qui a-t-il fait part de mon projet ? Qui lui a foutu la cliche ? Pourquoi devrais-je foutre le camp ?

Si au moins il m'avait donné la raison de sa pirouette, je pourrais peut-être y voir un peu plus clair. Mais là, sans réponse à mes interrogations, groggy sur mon balcon, flambé sous l'équateur, les neurones au congélo, j'ai mieux à faire que de jouer aux devinettes.

Je ne vais ni plier bagage ni me laisser impressionner par les dires de ce faux cul de lieutenant-colonel qui n'a même pas eu les couilles de venir me rencontrer. Une seule solution s'impose : trouver un autre moyen d'entrer en contact avec Amin.

Selon le « phénomène du petit monde » de Stanley Milgram, chacun d'entre nous serait relié à n'importe quelle autre personne sur la planète par une courte chaîne de relations sociales, la distance moyenne entre deux individus quelconques étant d'environ cinq à six intermédiaires. Mon « accordéoniste » se trouve à trente bornes de mon hôtel dans un pays de moins de dix millions d'habitants ; avec un peu de chance, je devrais réussir à l'approcher.

Il ne me reste plus qu'à me jeter au bouillon et faire ce que je fais le mieux : improviser.

---

président Idi Amin. Le SRB a retenu les services de nombreux agents et a maintenu un vaste réseau d'informateurs.

Une grande cafetière de Bukonzo[1] bien serré + le « paradoxe » de Milgram + un boost de Johnnie Walker + une bolée d'Émile Coué = mézigue revigoré et dans les starting-blocks.

Je suis à poil sur le trône quand la porte de la salle de bains s'ouvre d'un coup sec. Une femme que je suppose de chambre, pas gênée du tout, reste plantée là, me louche impudiquement, puis, sans mot dire, visiblement contrariée par ma présence, repart comme si de rien n'était. Je suis furax, non seulement cette grosse truie ne s'est pas excusée mais c'est elle qui me fusillait du regard : c'est le monde à l'envers dans ce putain de lupanar ! Comment a-t-elle pu rentrer dans ma chambre alors que je suis certain d'avoir engagé le verrou de sécurité après le départ du garçon d'étage ? Preuve par quatre que cette serrure est bidon. N'importe quel membre du personnel de cet hôtel peut entrer dans votre chambre alors que vous pensez en avoir interdit l'accès ; pas très rassurant, mais bon à savoir.

En fin de matinée, je descends faire un tour à la piscine. La plupart des transats sont occupés par un achalandage de Jane défleurissantes accompagnées de leurs Tarzan bedonnants. Badigeonnées de crème solaire, elles s'abandonnent à la cuisson dans des poses contre-indiquées à des femmes qui, à leur âge, ne devraient plus se prêter au jeu de l'hétérosexualité.

---

1. Café ougandais originaire de la chaîne de montagnes du Rwenzori, les légendaires « montagnes de la Lune » de l'Égypte ancienne.

Je m'installe à une table en bout de terrasse de façon à avoir une vue d'ensemble sur le tableau. À l'exception d'une fridoline en chaleur qui ne cesse de japper après son dogue allemand de mari, je constate qu'il y a beaucoup plus de dindes farcies que de jolies poulettes à la rôtisserie de l'International.

Sous mon parasol, c'est l'instant vodka-orange. Je suis servi par une barmaid qui ignore, elle aussi, que la curiosité est un vilain défaut.

Un jeune Ougandais m'observe depuis un bon moment. Il va et vient sur la terrasse, flânoche près de ma table puis fait demi-tour. Son manège m'intrigue. Il a l'air tendu et regarde furtivement dans toutes les directions. Son attitude me rappelle celle de l'émissaire de Mukooza. On dirait qu'il veut me parler mais hésite à le faire. Finalement il se décide. Cigarette au bec, tout en se faisant les fouilles, il vient me demander du feu :

— *Thank you sir…* Je crois que vous êtes nouveau à l'hôtel.

— Et alors ?

— Voulez-vous changer des dollars ?

— Ça dépend…

— Je peux vous offrir 70 shillings pour 1 dollar, ça vous intéresse ?

Dix fois supérieur au taux de change officiel ; bien sûr que ça m'intéresse !

Dans ma situation, décupler mon maigre pécule est une offre que je ne peux refuser. Après m'avoir dit qu'il s'appelle William et demandé quelle somme je veux convertir, il me donne rendez-vous le lendemain matin à 10 heures devant l'hôtel. Je ne devrai pas l'approcher mais le suivre à distance dès qu'il se sera manifesté. OK, ça roule, *good-bye* mon pote et à demain.

Une autre vodka-orange à la santé du marché noir et il sera temps d'aller goûter au matoke[1].

Hier soir, le restaurant était vide : aujourd'hui, à midi, il est bondé. Pratiquement que des Blancs. L'ambiance est très déjeuner d'affaires, complet-veston de couleur clair pour les hommes, toilette légère et élégante pour les femmes. Tout ce beau monde parle à voix feutrée dans un anglais nuancé d'accents divers. À la droite de ma table, on articule la langue de Shakespeare avec une redoutable intonation franchouillarde : une agréable surprise qui me permet de saluer mon voisin dans la langue de Molière. Présentations faites, nous décidons de faire table commune. Charles est attaché culturel à l'ambassade de France. Massif, avec une bonne bouille légèrement couperosée, ce Breton taillé dans le granit est très avenant, sans filtre, rabelaisien. Au fil de la conversation, ce bon vivant va se révéler être aussi un sacré numéro.

Depuis plus d'un an, il a pris l'habitude de venir déjeuner chaque jeudi à l'International. Je suis loin de m'imaginer à ce moment-là que ce rituel hebdomadaire me permettrait bientôt de sauver ma peau.

Il a choisi ce poste à Kampala sur un coup de tête et ne le regrette pas. Il déprimait en France alors qu'ici, en ce qui le concerne, tout baigne : prime de

1. Plat traditionnel ougandais.

risque fort appréciable, musique africaine au top et, cerise sur le gâteau, l'opportunité de satisfaire son appétence incontrôlable pour les belles Ougandaises. Il a chopé ce que les Wasps, ces Anglo-Saxons bégueules, appellent la fièvre de la jungle.

C'est une fièvre périlleuse en Ouganda. Son autoproclamé « dernier roi d'Écosse » vient de lancer une redoutable campagne de vaccination afin de l'éradiquer : emprisonnement pour l'étranger, peine de mort pour l'autochtone accusée de prostitution. Cela ne l'inquiète pas outre mesure : en tant que membre du corps diplomatique, il ne risque pas grand-chose.

Il me demande ce que je fais et ce qui m'amène en Ouganda. J'hésite, tourne un peu autour du pot et finis par lui lâcher le morceau, tout le morceau : je n'ai plus rien à perdre.

Il encaisse, se marre, me regarde droit dans les yeux :

— Tu déconnes ?

— Non, pas du tout…

— J'en ai vu des cintrés mais là tu fais très fort. Tu ne vas quand même pas nous refaire un coup à la Barbet Schroeder ?

— C'est-à-dire ?

— Tu ne te souviens pas du bordel que nous a foutu cet Helvète de mes deux avec son documentaire sur Amin ?

— Pas vraiment…

— À la sortie du film, le « gros » lui a demandé de faire des coupes : son ministre des Affaires étrangères jeté aux crocodiles, les pannes de courant engendrées par les cadavres qui bloquaient les turbines du barrage électrique, plus quelques autres passages du même acabit.

— Et alors ?

— Schroeder a refusé. En guise de représailles, il a séquestré dans un hôtel de Kampala bouclé par l'armée les cent trente-deux Français qui résidaient en Ouganda. Il leur a donné le numéro du cinéaste en leur disant qu'il était le seul à pouvoir faire quelque chose pour eux. Schroeder a cédé, mais j'te raconte pas le bousin…

— Ça n'a rien à voir…

— C'est toi qui le dis ! Tu ne doutes de rien… Ton contact s'est barré, non ?

— Justement, t'as pas une idée ?

— Pas vraiment… as-tu entendu parler du Rat blanc ?

— Non… qui est-ce ?

— Un Anglais, Bob Astles, l'éminence grise de Sa Majesté… mais il est difficile à approcher…

— Et pourquoi ?

— Parce que Major Bob vit retranché dans son bastion, le palais présidentiel des Cape Town Villas, oublie…

— Ne me dis pas que je suis venu pour rien…

— Pas vraiment, laisse-moi te présenter à quelques-unes de mes copines et tu verras que ça valait le déplacement !

— C'est toi qui es cinglé…

— Possible…

Charles est franc du collier : je ne regrette pas de lui avoir fait confiance. Il m'assure de sa discrétion et me recommande de ne parler de mon projet à personne.

— Tu n'as qu'à dire que tu es un musicien venu en Ouganda pour enregistrer les chants des Baganda.

— C'est quoi ce truc ?

— Tu ne connais pas ?

— Je devrais ?

— Si tu es supposé être venu pour les enregistrer, ça vaudrait mieux…

Et mon attaché culturel de se lancer dans un exposé sur la musique de la plus importante ethnie ougandaise vivant dans l'ancien royaume du Bouganda. Composée d'invocations religieuses et de chants profanes soutenus par d'impressionnantes percussions, elle rythme la danse nuptiale Mbaga, le rite initiatique le plus important dans la vie des Bagandas.

Il n'y a pas que les belles Africaines qui enfièvrent mon compatriote, il s'est aussi chopé le virus de l'ethnomusicologie. Il me propose de l'accompagner dans ses tournées « culturelles », une excellente occasion de voir du pays et de faire un ou deux enregistrements, histoire de crédibiliser mon rôle de producteur de musique ethnique. Il me donne aussi quelques tuyaux sur le « que faire et ne pas faire » à Kampala et ajoute qu'il serait judicieux que j'aille me déclarer sans plus tarder au consulat français. Pour le remercier de ses bons conseils, je lui offre la rincette.

Nous nous séparons bons amis en nous promettant de nous revoir bientôt : lui aussi fréquente régulièrement le bar de l'International.

De retour dans ma chambre, je constate que mes effets personnels ont eu droit à une petite visite. Les minuscules bouts de papier que j'avais dissimulés dans la charnière des portes de mon armoire sont tombés au sol. Même mon synthé a été ouvert, le câble du *sequencer* n'a pas été correctement remis en place et la position du *joystick*[1] trahit sa manipulation. Miss Piggy, ou l'une de ses consœurs, est revenue faire le ménage.

1. L'anglicisme *joystick* peut être traduit en français par manche à balai. En anglais, le terme désigne à la fois le périphérique pour ordinateur ou dans ce cas précis celui d'un synthétiseur permettant d'en contrôler diverses fonctions (filtres, volume, clavier, etc.).

13

Dix heures tapantes, mon « agent de change » est au rendez-vous. Comme nous en sommes convenus, je le file en douce. Nous empruntons d'abord Kampala Road que nous quittons au bout d'une dizaine de minutes pour nous engager dans des rues parallèles de plus en plus étroites où une terre ocre et ravinée remplace le bitume. Je fais semblant de m'intéresser à quelques vitrines dégarnies sans perdre mon guide de vue. Nous serpentons maintenant entre des maisons aux toits de tôle ondulée et aux murs barbouillés de couleurs vives. Perdu dans ce labyrinthe de baraques faites de bric et de broc, j'espère que je ne me suis pas laissé piéger dans un attrape-couillon. William s'arrête et m'attend devant un petit bazar à l'angle d'une place étroite qui fait office de garage à ciel ouvert. Sous un arbre à pneus, un mécano installé sur une bâche posée à même le sol se cambouise dans un amas de moteurs de motocyclettes d'un autre âge. Mon boitard me fait signe de le rejoindre et m'invite à le suivre dans l'arrière-boutique.

Dans la pénombre, trois types sont assis autour d'un bureau déglingué. Sur la défensive, je serre mon flouze au fond de ma poche. Fort heureusement, il n'y a pas de lézards : les mecs sont corrects et le change se fait sans embrouille au taux annoncé. Dans un américain parfait, le plus âgé des cambistes, qui pour s'exprimer de la sorte a certainement vécu aux États-Unis, me propose un marché fort intéressant : une bouteille de whisky contre quatre litres de waragi[1]. Ce tord-boyaux local tape un bon soixante degrés avec des saveurs de dégivrant pour cockpit d'avion de chasse ; on est plus sur le white-spirit que sur le fruit, mais qu'importe !

Bien que le marché noir soit un jeu dangereux et rigoureusement interdit, j'accepte son offre. Une accolade et l'affaire est conclue. Pas de problème pour l'approvisionnement. Idi Amin ayant besoin de devises étrangères, les étagères du duty free sont bien garnies.

William me raccompagne jusqu'à Kampala Road. Nous avons rendez-vous le soir même sur le parking du night-club de l'International pour notre premier échange de bootleggers.

Ma grosse liasse de shillings ougandais en poche, je pars fêter ma nouvelle aisance financière au Taj Mahal, le restaurant indien que Charles m'a vivement recommandé.

---

1. Eau-de-vie de millet.

14

Vers 10 heures, quand j'entends frapper de nouveau à ma porte, je pense que la femme de chambre revient à la charge. Je viens pourtant de lui demander, il n'a pas cinq minutes, de ne plus me déranger. Je déteste être importuné quand je prends mon petit-déjeuner, d'autant plus que ce matin je suis en pleine étude comparative : William m'a livré hier soir mes deux bouteilles de waragi et de kasese[1].

À mon grand étonnement, en ouvrant la lourde, je tombe sur une jeune femme distinguée, bien prise dans un élégant tailleur de couleur crème, croupée juste ce qu'il faut par une paire de talons hauts. Plus Noire américaine qu'africaine, elle est très belle, parfumée, légèrement maquillée, une mèche blonde festonne sa chevelure lissée. Elle semble au bord des larmes. Me prenant par le bras avant même que je n'aie eu le temps de lui demander l'objet de sa visite, elle me prie de lui permettre d'entrer.

1. Eau-de-vie de banane.

Elle va s'asseoir directement sur le bord de mon lit et prétextant de ne pas pouvoir parler fort, m'invite à la rejoindre. Son sac à main posé sur ses genoux, tapotant son nez fin avec un petit mouchoir, elle me balance tout de go sa salade en apnée. Je retire de son monologue entortillé qu'Amin Dada est un tyran, un fou sanguinaire, qu'elle se sent menacée et craint que sa vie ne soit en danger. Elle vient réclamer mon assistance pour l'aider à quitter le pays.

J'ai la conviction qu'elle n'est ni une pute ni une tapeuse. Pour autant, quand, m'implorant du regard, elle me prend la main pour la presser sur son cœur, je la retire fissa : nichons minés, machine arrière toute !

Nous sommes en plein roman-savon ; elle en fait des tonnes et son histoire vasouillarde sent de plus en plus la mouise : qu'est-elle venue foutre dans ma chambre ?

Dans le silence qui suit son numéro de gazelle aux abois, entre deux sanglots, ma tragédienne à deux balles prend la pose et me fixe dans l'attente d'une réponse.

— Je compatis à votre détresse… Malheureusement je ne peux pas vous aider… Vous me troublez, madame… madame ?

— Shirley…

— Vous êtes américaine ?

— Non, et vous ?

— Je suis français, mais je vis aux États-Unis… à Woodstock… Vous connaissez ?

— Non… mais que faites-vous ?

— Je suis musicien.

— Je veux dire que faites-vous ici, à Kampala ?

Bingo ! La voilà maintenant qui s'intéresse à la raison de ma présence en Ouganda, la durée de mon séjour, mes intentions, mes impressions… Suivant les conseils de Charles, je l'emmène se promener sur les sentiers de la musique ethnique. Elle en remet une couche avec ses emmerdes pour me demander encore une fois de lui porter secours. Pas beaucoup plus discrète qu'un indic mais plus futée, elle fouine, gratte, cherche à me faire parler. Je m'efforce de la convaincre que seule la musique m'intéresse. Elle s'obstine ; je botte en touche. En guise de dernier acte, Kampala-Hari se lance dans une tentative de séduction vaudevillesque. S'apprêtant à me la jouer « petite culotte et porte-jarretelles », elle ne recule devant rien. Stop !

Réprimant l'envie soudaine de la culbuter sur-le-champ, je me lève, lui prend la main pour l'amener à en faire autant. Je n'ai pas besoin de lui demander de me lâcher la grappe et d'aller chercher de l'aide ailleurs, elle a pigé : rideau !

Dépitée, elle se redresse, tire sur sa jupe, ajuste sa veste, reprend son sac et, avec un rien de mépris, me salue froidement. Je la raccompagne et m'empresse de refermer la porte sur le joli pétard de cette embobineuse. Adieu, Poison Ivy[1]…

Je retourne perplexe à mon petit-déjeuner et à mes études comparatives. Il en ressort que la forte teneur

1. Plante venimeuse (sumac) et hit des Coasters en 1959, repris par les Rolling Stones en 1964.

en octane du waragi libère les arômes de l'arabica qui, à son tour, exalte la lointaine saveur de banane du kasese : parfait.

Une tasse de ce breuvage cul sec, ça carillonne dans le beffroi : Big Ben à Kampala !

15

J'ai besoin de changer d'air. Je vais bien trouver un boui-boui sympa du côté d'Owino Market ou dans les quartiers populaires que j'ai traversés hier avec William. Le marché est animé, coloré, exotique à souhait. Les vendeurs font l'article derrière leurs étals débordant de bananes, ananas, natakis, ignames, dodos et pommes de terre. Des essaims de mouches bourdonnent sur la barbaque tandis que l'on pèse, soupèse, marchande, tergiverse, argumente, finasse, chipote pour un quartier de viande de brousse.

Je traverse cette foule bigarrée à la recherche de ma gargote et la trouve sous un préau de tôle ondulée, au fond d'un cul-de-sac. Côté cuisine traditionnelle, je suis comblé : ragoût de chèvre servi dans des feuilles de banane, matooke, chapati, le tout arrosé de bière ougandaise pour éteindre le feu du piment.

Rentrant à l'hôtel, je tombe sur les musiciens de l'International qui se rendent au club pour leur répétition quotidienne. Je leur propose d'aller prendre un verre. Le bar est quasiment désert à cette heure-ci ; nous y serons au calme pour faire plus ample connaissance. Accoudé au rade, un homme nous salue aimablement. Hamzah, le leader du groupe, lui fait signe de se joindre à nous. Il me le présente comme le seul Blanc de Kampala qui sache danser le sonkona et le kadondo. Thomas est anglais. Représentant d'une compagnie de matériel agricole, il fait actuellement de la prospection commerciale en Ouganda et vient gambiller tous les soirs au club. À l'œillade que lui adresse l'une des choristes, je devine qu'il s'est fait une copine. Encore un joyeux drille sous le ciel ougandais…

En apprenant que je suis musicien, que je joue du synthé et que j'arrive de Woodstock, mes compagnons n'en croient pas leurs oreilles. Eux, Woodstock, ils connaissent ! Ils n'en reviennent pas :

— *It's just incredible ! Woodstock ! Too much !*

— Tu joues du synthé ?

— Oui, j'en ai même un dans ma piaule si ça vous intéresse ?

— Tu plaisantes ? Un peu que ça nous intéresse… Viens à la répète… Tu pourrais jouer avec nous ce soir…

— Ce soir, si possible, je préférerais vous enregistrer…

— Pas de problème… Tu as aussi du matériel d'enregistrement ?

— Oui… On pourrait faire la balance cet après-midi…

— Pourquoi pas…

Il ne me faut pas longtemps pour aller chercher mon matos et redescendre au club, où les musiciens m'attendent déjà. Ils se pressent autour du synthé comme des mômes au pied d'un sapin de Noël. Je le branche sur la sono, leur fais une courte démo, le programme et leur passe les commandes : ils sont aux anges.

Batterie, basse, deux guitares et un orgue Farfisa[1] : l'instrumentation du groupe a la couleur des formations du British Blues Boom[2] ; c'est comme si les Animals[3] avaient grandi sur les rives du lac Victoria et les musiciens de l'International sur les bords de la Tyne[4]. Kampala vibre au son de Newcastle[5].

---

1. Farfisa est une entreprise italienne connue pour la facture d'instruments de musique. Les orgues électroniques de la marque sont principalement employées depuis les années 1960 dans la musique rock.

2. Le British blues est un mouvement musical ayant émergé en Angleterre au début des années 1960, qui s'inscrit dans la longue histoire du rock anglais. Il a rapidement connu un succès international. Il a consisté en une (re)découverte du blues, à la fois par le public européen et par des groupes de musique pop, qui l'ont intégré à leur propre musique. Ce mouvement a une influence déterminante sur la musique populaire occidentale de la deuxième moitié du XXe siècle.

3. The Animals est un groupe britannique de rock des années 1960. Au même titre que les Rolling Stones, cette formation a été l'une des pionnières du British Blues Boom et a contribué à importer en Europe le *rhythm and blues* noir américain. Ils reprennent les plus grands *bluesmen* américains et s'affirment comme un groupe de scène remarqué. Leur sauvagerie sur scène, la voix âpre et puissante d'Eric Burdon leur valent rapidement le sobriquet de The Animals, qui devient leur nom officiel à partir de 1963.

4. Rivière qui traverse Newcastle.

5. Newcastle-upon-Tyne est une métropole du nord-est de l'Angleterre où ont grandi et se sont formés les Animals au début des années 1960.

Le *sound check*[1] terminé, on décide de faire un bœuf. Ça part franco ! Baratinicide, la musique nous dénippe vite fait. À poil mon mec, décapote et joue-moi qui tu es ! Pentecôté, je rocke en swahili…

Pour une jam, c'est une jam ! C'est fou ce qu'on s'envoie à tour de rôle sur une rythmique d'enfer. Je brode, riffe, groove, voltige tout en accélérant le tempo. Le sequencer s'emballe, rafale ses notes à en faire péter les amplis. La cadence devient insoutenable : Utopia[2] à Kampala !

Guitares, clavier, basse, batterie décrochent, bazardent. J'envoie la gouache dans ce maelstrom jusqu'au crescendo final qui explose, ricoche et s'abîme *smorzando* dans la réverbération de la chambre d'écho. Enthousiasmés par ce feu d'artifice de musique électronique, ils applaudissent, me congratulent en me baptisant sur-le-champ Mganga Muzungu : le sorcier blanc, l'homme à la boîte magique. Rien que ça ! …

Retour au bar pour célébrer cette consécration. Les langues se délient. J'apprends qu'il y a seulement deux grands orchestres à Kampala : celui de l'International et celui d'Amin. Leurs musiciens se connaissent bien, mais depuis que l'ensemble présidentiel est cantonné aux Cape Town Villas, une annexe du palais présidentiel, un ancien hôtel réquisitionné, sur les rives du lac Victoria, ils ne se fréquentent plus. Mieux vaut éviter

1. Balance.

2. Utopia est un groupe de rock prog américain dont Mister Frog était le synthé.

le contact, on ne sait jamais… La femme de leur chef est une des masseuses de Sa Majesté…

— Comment s'appelle-t-il ?

— Elijah.

— Il ne vient jamais ici ?

— Non, ni lui ni les autres, on ne les voit plus que très rarement dans Kampala…

— Où pourrais-je les entendre ?

— Au Government Club, mais c'est impossible, c'est le club du président…

Je n'en saurai pas plus, si ce n'est qu'Amin a nationalisé et débaptisé cet ancien cénacle colonial, le très sélect Kampala Club ; qu'Elijah est un cousin d'Hamzah et que son groupe est composé d'excellents musiciens. À aucun moment, mes nouveaux amis ne me demandent ce que je suis venu faire en Ouganda ; ils me recommandent seulement d'être prudent, très prudent. On se quitte en se donnant rendez-vous le soir même pour l'enregistrement.

J'ai de plus en plus l'impression d'être un OVNI catapulté dans ce paradis perdu gouverné par un psychopathe qui se présente lui-même comme « le conquérant de l'Empire britannique en Afrique, le maître de toutes les bêtes de la terre et des poissons de la mer »…

16

À 22 heures, le night-club de l'International est plein à craquer. Les musiciens sont déjà sur scène. Je joue des coudes pour me frayer un chemin dans ce canevas de liquettes hawaïennes-col-pelle-à-tarte, pantalons pattes d'eph-taille basse-poutre apparente, jupettes flashy, tee-shirts moulants et tops opulents. Je parviens enfin à installer mon matériel d'enregistrement sur une table en bordure de la piste. Sous les projos, ensorcelés par le rythme du kadondo, les couples se contorsionnent, se chauffent, se frottent, s'enchevêtrent, fusionnent.

Au fil de la soirée, le club se transforme en un véritable hammam. Dans cette touffeur, la sueur et des effluves de parfums incertains se condensent dans un nuage de fumée de tabac que n'arrivent pas à dissiper les ventilos.

Mon casque sur les oreilles, je transpire à grosses gouttes.

Après leur premier set, je rejoins les musiciens dans les coulisses et leur propose de venir faire une écoute de la prise de son dans ma chambre. On se tasse autour du magnéto et je lance la cassette. C'est un *live* chaud, coloré, dynamique, l'atmosphère du club est palpable, la balance impeccable, le niveau parfait, le groupe au top. Ils sont ravis, moi aussi. Si nous n'avons pas le temps de tout entendre, nous l'avons en revanche pour écluser une bouteille de waragi avant qu'ils ne redescendent pour leur dernier passage. Ils me remercient encore et m'invitent à les rejoindre plus tard pour une bamboche chez Joseph, le club *after hour* de Kampala.

Je décline, j'ai eu ma dose : dodo.

Deux heures du mat' à ma tocante, je ne rêve pas, on pianote à ma porte :

— Qui est là ?

— Quimby…

— Quimby ?

— Je suis une amie du groupe… une copine d'Hamzah… C'est lui qui m'envoie…

— Un instant…

Ensuqué, je passe une chemise, enfile maladroitement mon jean, trébuche, remonte le vent jusqu'à la lourde. Une toute jeune fille se glisse à l'intérieur de ma piaule, puis reste plantée là, immobile, me fixant avec une telle intensité que j'en suis décontenancé. Elle me bigle, me reluque, me ratisse, m'anatomise, me fouille…

La séance d'azimutage terminée, rassérénée par son diagnostic, « Rayons X » balaie ma chambre du regard, pointe du doigt mon synthé posé sur la table :

— C'est ta boîte magique ?

— Que veux-tu dire ?

— Je sais tout, les musiciens me l'ont dit… Fais-la jouer pour moi.

— Quoi ! Tu veux que te je joue du synthé à cette heure-ci ?…

— Oui, oui, je t'en prie Muzungu, s'il te plaît…

Je l'installe, lui colle mon casque sur les oreilles, programme l'AKS[1] et la balade gentiment au pays des oscillateurs. Fascinée, les yeux rivés sur le synthé, elle observe toutes mes manips avec l'attention émerveillée d'une enfant mystifiée par les passes d'un prestidigitateur. Pour elle, j'accomplis un rite : mes broches de patch[2] sont autant d'aiguilles que j'enfonce dans ma poupée vaudoue de synthétiseur avec lequel je pratique une acupuncture occulte du son. Hypnotisée, elle se balance au rythme des séquences que je compose en effleurant du bout des doigts les touches bleues du clavier de ma « boîte magique » : c'est l'extase !

— Muzungu, Mganga Muzungu, tu fais jouer la musique toute seule !…

Je l'abandonne un instant à son ravissement pour aller me jeter une rasade sur le balcon. Au pied de la colline, Kampala cherche encore le sommeil dans cette nuit équatoriale qui transpire les signes avant-

---

1. Synthétiseur se présentant sous la forme d'une mallette contenant les trois oscillateurs du synthé analogique, un clavier et un séquenceur. D'où son nom AKS pour *Analogic, Keyboard* et *Sequencer*.

2. Système de matrice qui permet de coupler la sortie des oscillateurs à des entrées de modules (filtres, enveloppes) à l'aide de fiches (broches) insérées aux croisements souhaités.

coureurs de la mousson. Emporté par le spleen, je siphonne, dérive et flotte au gré du waragi. À mon retour, se débarrassant des écouteurs, Quimby se lève, s'approche de moi et, pétillant des mirettes, laisse tomber sa robe. Elle est entièrement nue : offrande musicale dans sa version zéro degré de longitude, « méthode Oufiri ». Flash-back immédiat à l'âge tendre de mes premiers émois provoqués par la somptueuse Africaine illustrant les encarts publicitaires de ladite méthode – une crème pour augmenter et raffermir la poitrine. Cette Aphrodite d'ébène avait une paire de miches à faire tomber en pâmoison les petits curieux qui feuilletaient en douce les magazines féminins de leur maman.

À mon tour de rester planté là, tout con, figé, ma bouteille à la main. Elle éclate d'un rire franc, candide, irrésistible, puis, triomphante, radieuse, sans hésitation aucune, va s'allonger sur mon paddock pour me polissonner un remake audacieux de *L'Origine du monde*.

Aimanté, je déboussole, emporté, je succombe. Reprenant mes esprits, je cane pile au carrefour de la pétoche : feu rouge, singe vert !

Aussi dangereux que les gorilles d'Amin, ce putain de petit singe ougandais est soupçonné d'être l'agent pathogène d'une redoutable maladie vénérienne. Je ne tiens pas à faire sa connaissance.

J'ai beaucoup de mal à me détacher de Quimby qui redouble d'ardeur, et encore plus de difficulté à lui faire comprendre que la fête est terminée. Je la console en lui assurant que cela n'a rien à voir avec elle, qu'elle est superbe, on ne peut plus désirable, mais… Minable, pitoyable, le grand sorcier blanc !

Il serait beaucoup trop dangereux de la laisser repartir à pinces à cette heure-ci. Je lui propose donc de passer la nuit dans l'autre lit à la condition de rester très sage. Tristounette, elle me le promet, se glisse sous le drap qu'elle remonte jusqu'au cou, me décroche une risette-bonne nuit en éteignant sa lampe de chevet : adorable, cette gamine, j'espère ne pas l'avoir blessée. Pris de remords, je dépose un baiser sur son front avant d'aller me pieuter.

Ne pouvant fermer l'œil, la trique à quia, je me relève et, à pas de loup, retourne sur le balcon me bromuriser au waragi.

Quimby est partie à la pointe du jour, sans faire de bruit. Je l'ai vaguement entendu refermer la porte.

Nase, vasouillard, incommodé, je carbure mal ce matin. Entre deux ratées à l'allumage, je rote ma gueule de bois dans les remugles amers de mon tord-boyaux. Heureusement Darren-le-ponctuel ne va pas tarder.

— *Good morning sir !*

À ma demande, ce coucou suisse de garçon d'étage me sert mon petit-déjeuner sur la loggia à 8 heures tapantes. J'affectionne tout particulièrement cet instant : dépaysé par l'exotique beauté de mon environnement, je lézarde au soleil levant, paresse en dégustant un délicieux café mâtiné de kasese, prends le pouls de la ville qui s'éveille, me schnouffe des senteurs florales du parc, voyage au temps de Kampala-la-coloniale au passage de ce vieux train à vapeur qui déchire d'un coup de sifflet l'air de la savane tout au fond la vallée…

Ce moment de bien-être me permet de reprendre le manche : je tourne en rond. Il me faut absolument trouver le moyen d'approcher le « Rat blanc ».

Pourquoi ne pas demander à Hamzah de me rancarder avec Elijah ? Je sais bien qu'ils ne se fréquentent plus mais peut-être… Peut-être aussi que Charles… Peut-être encore que Thomas… De « peut-être » gnôlés en élucubrations insensées, je me désespère dans ce Kampala du n'importe quoi.

17

Deux jours désolants d'oisiveté, piscine-bar, bar-piscine. Pas le début d'une piste. À l'affût, dissimulé dans sa routine, j'observe de plus près la faune de l'International. Je caméléonne à la rencontre de consultants obliques, de coopérants alcoolisés, d'hommes d'affaires hermétiques, de représentants en je ne sais quoi, de vieux colons atrabilaires. On se croise au bar, on se salue au restaurant comme dans une pension de famille de Brighton, on discute en échangeant de la fausse monnaie comme dans les livres de Graham Greene. Tout va pour le mieux dans le pire des mondes : fidèles au poste et à leur réputation, parées de leurs plus beaux atours ou de leurs plus petits maillots, les blondes du cheptel, rivalisant de crétinisme, babillent, paradent, prospectent et vampent l'indigène. C'est le bide absolu, le flop intégral !

Ce matin, c'est encore pire, contrairement à l'effet escompté, plus je pictanche, plus je déprime. À chaque goulée, ma tronche de *loser* se dessine au fond de mon verre tel un shunga dans une coupelle coquine de saké. L'arrivée opportune d'une jeune femme, fringuée brousse, accompagnée d'un officier galonné dans son uniforme blanc, chasse les papillons noirs. Suivie de son chevalier servant, d'une démarche assurée, elle fait le tour de la piscine pour venir se carrer sous un parasol à deux pas du mien.

Pulpeuse, fessue mais bien foutue, les cheveux blonds en bataille, trahie par sa dégaine et son accent, c'est la première Américaine que je balise à l'International. Les rejetons de l'Oncle Sam étant dorénavant *persona non grata* sur les terres du dernier roi d'Écosse, c'est un oiseau rare qui mérite toute mon attention.

Nos regards se croisent, s'accrochent : contact. Je lui balance un « *Hi there* » bien timbré. Elle me sourit, me salue à son tour et, *Yank to Yank*, m'amerloque spontanément :

— *Hey man, where are you from ?*

— *Woodstock.*

— *Woodstock NY ?*

— *Yes...*

— *Wahoo !*

— *What about you ?*

— *Los Angeles, Hollywood...*

— *Too much..., could I join you for a drink ?*

— *Sure...*

Woodstock, c'est quand même un putain de rossignol, le couteau suisse du rocker, le passe-partout du *Who's Who* !

En un rien de temps, les présentations sont faites. Elle s'appelle June et son ami Sâmi. Elle travaille en Afrique de l'Est pour le Peace Corps, il est lieutenant dans l'armée de l'air égyptienne. On sympathise très vite. Cette rencontre improbable d'un Woodstock légendaire et d'un Hollywood mythique créé des liens. Chacun y va de sa tournée, de sa petite musique. Au troisième apéro, retour à Kampala : elle est heureuse d'y retrouver son *boy-friend* après une longue virée dans le massif du Ruwenzori. Lorsqu'elle me demande tout naturellement ce que je suis venu faire ici, je ne lui cache pas qu'à l'heure actuelle je me le demande aussi… Sâmi sourit…

Notre conversation est interrompue par l'irruption de deux énergumènes visiblement bourrés qui, l'air menaçant, roulent des mécaniques entre les tables. Ces cow-boys de série B, accoutrés de chemises à fleurs dissimulant maladroitement un calibre passé à la ceinture, s'immobilisent de temps en temps pour dévisager tel ou tel quidam, réajustent leurs Ray-Ban de contrefaçon pour toiser méchamment le toubab et finissent par aller se tanquer au rad.

Intrigué, je les observe du coin de l'œil. Arrimés au bar, ces deux butors de pedzouilles parachèvent leur numéro d'intimidation en apostrophant les serveurs, se rincent la dalle cul sec et, chancelants, se barrent sans payer.

Au soulagement manifeste du personnel et de la clientèle, je devine que ces deux clowns sont probablement beaucoup moins drôles qu'ils n'en ont l'air. June m'affranchit aussitôt :

— T'as vu ces deux mecs ? Ce sont des sbires du SRB, le cauchemar des Ougandais. Ils ont tous les droits et passent leur temps à faire régner la terreur.

Ta montre ou ta voiture leur plaît : ils te la fauchent… Ton business les intéresse : ils te rackettent ; ta femme ou ta fille les branchent : ils les violent. Si tu t'y opposes, ils te tabassent, t'embarquent ou te butent…

— Ces deux connards ne sont que des petites frappes…

— Détrompe-toi, ces mecs-là sont des fous furieux qui n'en font qu'à leur tête. Plus ils sont cramés, plus ils font n'importe quoi… Méfie-t'en… Ils sont partout…

Message reçu. Elle me sourit d'un air entendu, comme si nous étions maintenant sur la même longueur d'onde.

Sâmi déplombe l'atmosphère en commentant avec humour le show d'une bimbo qui se pavane sur le plongeoir. Une dernière tournée nous ramène au pays du rock and roll.

Avant de nous séparer, on décide de se retrouver ici en début de soirée pour prendre l'apéro avant d'aller dîner ensemble dans un resto qu'ils tiennent absolument à me faire connaître.

Je me félicite de cette rencontre. C'est tout bête mais je me sens moins seul.

18

À 20 heures, comme tous les jours, le bar de l'International est plein à craquer. J'ai failli ne pas les reconnaître dans ce poudingue ougando-britannique. Pimpante, débroussée, June a troqué sa saharienne délavée pour un joli tailleur en lin blanc, Sâmi son uniforme pour un élégant costard de flanelle beige.

Un *drink* vite fait et on se tire. Marchant de front, sans hâte, nous traversons le parc, où il fait bon respirer l'air fleurant du soir avant que ne tombe la nuit. June, arrimée au bras de Sâmi, anime la conversation.

On allonge le pas dans des ruelles qui me semblent de plus en plus familières. Je suis déjà passé par là pour me rendre au Taj Mahal, le resto que Charles m'avait recommandé. Je la ferme : ils tiennent tant à me faire découvrir le plus chic des indiens de Kampala que je me garde bien de les décevoir.

Curieusement, le Taj ne ressemble en rien au resto dans lequel j'ai déjeuné la semaine dernière. L'ambiance y est radicalement différente, *very british*, *upper-classy*, *reservation only*. Ascots, nœud-paps et blazers à blason sont de rigueur dans ce décor bollywoodien fait de stuc zinzoliné et de batiks safranés. On se croirait dans un club privé d'officiers de Sa Majesté au temps des colonies : *Rule Britannia…*

Après avoir vérifié notre réservation, un avatar de Gurkha nous conduit à notre table. Près du bar, j'aperçois Thomas qui se guinnesse les moustaches avec une demi-douzaine de ses compatriotes. Je le salue d'un petit signe de la main, il lève son verre dans notre direction : *cheers…*

June paraît surprise :

— Tu le connais ?

— Oui, c'est un ami, un copain des musiciens de l'International, il est très sympa, tu le connais aussi ?

— Bien sûr… Tous les ressortissants étrangers qui fréquentent l'International se connaissent plus ou moins…

— As-tu remarqué un truc ?

— Quoi donc ?

— Il n'y a que des « citrons verts » ici ce soir, pas un seul Ougandais, et à part nous, pas d'étrangers non plus, on se croirait dans un indien de King's Road…

— Tu ne penses pas si bien dire… Depuis qu'Amin les a jetés du Kampala Club, les Britons se font des petites soirées privées au Taj… Il suffit de le savoir…

— Et toi, tu le sais ?

— *Of course…*

Ma Californienne semble être au fait de bien des « kampalasseries ». Elle pourrait peut-être me rancarder sur Astles, me tuyauter sur un moyen de l'approcher. Je tente le coup :

— Dis-moi June, as-tu entendu parler du Rat blanc ?
— Tu veux dire Major Bob ?
— C'est ça...
— Il t'intéresse ?
— J'aimerais pouvoir le rencontrer...
— Rien que ça... et puis-je te demander pourquoi ?
— C'est une longue histoire...
— *We got time...*

Accompagné par le raga d'un Shankar en sourdine, je déballe : Woodstock-Albert, Montréal-Peter, New York-Heinz, Kampala-Mukooza, le lapin et le message de ce lieutenant-colonel de mes deux, la panade...

Elle m'écoute avec la plus grande attention en refilant de temps en temps un coup d'œil entendu à Sâmi qui, avec sa belle gueule à la Omar Sharif, ne me lâche pas des yeux.

Ma petite histoire terminée, ils gardent un silence que je n'ose interrompre. En ai-je trop dit ?

June se décide enfin :

— Qu'as-tu l'intention de faire maintenant ?
— Rencontrer Astles.
— Qui t'en a parlé ?
— Mon ami Charles, l'attaché culturel de l'ambassade de France... C'est le seul avec vous maintenant qui soit au courant de mon projet...
— Qu'en pense-t-il ?
— Que Major Bob est la carte à jouer...
— Il n'a pas tort... mais ce n'est pas sans risque... Que t'en a-t-il dit ?

— Pas grand-chose…

Et June de m'en brosser le portrait. D'origine écossaise, cet ancien officier de l'armée britannique des Indes a fait partie d'un corps expéditionnaire envoyé au Bouganda pour y réprimer un soulèvement en 1949. Il y est resté, a divorcé pour épouser la fille d'un chef de clan et créé l'Uganda Aviation Services Ltd. Après son coup d'État, Amin a nationalisé cette compagnie aérienne et l'a fait emprisonner à Makindye[1]. Aujourd'hui, allez savoir pourquoi, celui qu'il traitait de « pomme pourrie » est devenu le conseiller du président, son inséparable éminence grise. Dans les coulisses du SRB, à la tête des services anti-corruption, ce personnage inquiétant, moitié Beria, moitié l'homme qui voulut être roi, est au centre du pouvoir. Elle me confirme les propos de Charles : craint de tous, parano, le Rat blanc ne sort

1. Redoutable prison militaire dans laquelle Amin a fait interner, torturer et exécuter ses opposants. Tout comme Nakasero, elle est devenue célèbre pour la cruauté de sa méthode d'exécution : placé dans une file d'attente, chaque prisonnier recevait un marteau pour fracasser le crâne de celui qui le précédait. On lui faisait croire qu'en ce faisant il serait épargné. En réalité, il subissait le même sort de la part de celui qui le suivait. Ainsi mourut John Kakonge, ministre de l'Agriculture. Benedicto Kiwanuka, ancien Premier ministre et avocat renommé, eut moins de chance : son interminable exécution a impliqué la section des oreilles, du nez, des lèvres et des bras, une éventration et une castration avant qu'il ne soit finalement mis à mort. Bob Astles y a été emprisonné dans de terribles conditions de détention pendant dix-sept semaines en 1972.

pratiquement jamais de son trou. Il ne quitte qu'à de très rares occasions les Cape Town Villas.

À moins d'y être personnellement invité, aucun étranger ne peut se rendre dans l'antre du Major. Il n'y a que les délégations des pays amis qui y sont reçues, et encore… Même Sâmi, qui est pourtant ici en mission officielle pour former je ne sais quelle unité d'élite de l'armée de l'air ougandaise, n'a jamais été invité à la moindre réception.

Pour elle aussi, Bob Astles est le seul interlocuteur auquel je puisse m'adresser pour avoir une chance de porter mon projet à la connaissance de mon field marshal d'accordéoniste. À son grand regret, ni elle ni Sâmi ne peuvent m'aider, ils n'ont pas de plan pour ça… Retour chariot.

Nous finissons de dîner en compagnie de Thomas venu nous offrir le digestif. Le voilà parti avec June dans le massif du Ruwenzori alors que Sâmi me raconte par le menu les aléas de sa vie de pilote-instructeur. J'apprends ainsi qu'il y a plus d'avions au fond du lac Victoria que sur le tarmac de l'aéroport d'Entebbe. Pour décoller, ça décolle mais c'est après que les choses se gâtent et les acrobaties des cockpits bleutés des Mig 17 ou 21 que l'on voit scintiller dans le ciel ougandais sont la plupart du temps indépendantes de la volonté de leur pilote…

Avant de nous séparer, rendez-vous est pris pour le lendemain en fin de matinée. Ils tiennent absolument à ce que je leur fasse un petit récital au synthé : pas de problème, chambre 102 à 12 heures pour un apéritif-concert au Synthi A, jus d'orange et kasese.

Thomas me propose de remonter avec lui à l'International, il doit passer au club récupérer sa choriste.

En chemin, il me confie qu'il va quitter l'Ouganda prochainement et que si rien de très important ne me retient à Kampala je ferais bien d'en faire autant. Je lui demande pourquoi.

— *Just a feeling*, un conseil d'ami…

— Ah oui, alors comme ça, toi tu navigues au feeling…

— Surtout quand il est temps de mettre les voiles…

— Que veux-tu dire ?

— Qu'arrive la mousson…

— Très drôle mon ami, *you're really a funny guy…*

— *I know…*

C'est la deuxième personne qui me conseille de foutre le camp. Contrairement à l'envoyé de Mukooza, il ne sait rien de mon projet. Alors quoi ?

Arrivé à l'hôtel, il m'entraîne au bar pour un dernier verre. Bonne idée, j'ai besoin d'un solide *nightcap* pour chasser le goût amer de son foutu feeling.

Double scotch, puis nous rejoignons les musicos qui viennent de terminer leur dernier passage. Alors que Thomas s'empresse auprès de sa petite copine, Hamzah me fait signe de venir m'asseoir à sa table. À peine me suis-je posé sur la demi-lune d'une banquette en skaï qu'il me sert un verre d'un liquide ambré, trinque à ma santé en m'invitant à l'accompagner cul sec !

Feu de Dieu la canonnade ! Un rush à tordre la seringue du plus blindé des junkies.

— Hamzah, qu'est-ce que c'est que ce putain de truc !

— Une vieille recette de ma tribu, l'élixir du guerrier… Un cadeau pour toi, Muzungu : je te l'avais promis.

— Merci mon frère, j'emballe, j'importe, je vais te faire sauter Woodstock avec ton schnick à la nitro !

Il éclate de son grand rire communicatif, toute la tablée se marre. Après l'avoir soigneusement rebouchée, il me refile la bouteille en me chuchotant de la monter discrètement dans ma chambre, ce que je fais illico en prétextant le besoin de me rafraîchir.

Je ne résiste pas à la tentation d'une bonne lampée avant de redescendre au club : coup double, la réplique a plus d'intensité que la première secousse !

Ça clignote encore à tous les étages quand, à mon retour, Hamzah me présente à sa voisine, une voluptueuse poupарde auprès de laquelle il m'invite à prendre place.

Je me tasse à son côté avant que le manège ne commence à tourner. La « chenille » prend de la vitesse, olé ! Le sonar déconne : je détecte bien un signal alors que des lèvres chaudes et charnues me caressent la feuille mais que dalle, je n'entrave plus rien. Idem du côté des optiques qui kaléidoscopent mon entourage. Je divague à la surface de ma pulpeuse, l'imagine blonde platine, godille dans l'estuaire de mes fantasmes, délire…

Sans savoir comment j'ai quitté le club, je me retrouve dans le lobby au pied de la cage d'ascenseur. Accrochée à mon bras, ma Jayne Mansfield en folie y est certainement pour quelque chose. Encore une

« délicatesse » d'Hamzah qui, vu mon état, va retourner à l'expéditeur : *no room service tonight*. Je n'ai plus qu'une chose en tête : arriver sain et sauf jusqu'à mon paddock avant d'être emporté au large par la plus pute des lames de fond.

19

Faites vos jeux. J'ai tout balancé sur le tapis de cette roulette ougandaise à la con et je suis en train de bouffer ma chemise. La boule et le croupier se sont fait la malle. Les jeux sont faits. La machine à sous est hors de portée, le bras du manchot dans la manche du Major, le jackpot plus illusoire que jamais. Rien ne va plus…

Et pourtant, jour après jour, j'égrène inlassablement le chapelet de ma routine à la recherche du jeton qui me permettra de placer la martingale des anges. Pair ou impair, rouge ou noir, passe, impasse, elle va remporter la mise, il suffit de le savoir et moi je le sais. Tout comme je sais aussi que la somme des nombres inscrits sur la roue de la fortune vaut 666 : le chiffre de la bête.

De vilains nuages enténèbrent Kampala qui tremble sous les premiers coups de tonnerre de la mousson. Des escadrilles de fourmis kamikazes me volent droit dessus pour venir s'écraser contre la moustiquaire de ma porte-fenêtre. L'orage éclate. C'est le déluge. En un rien de temps, une lave torrentielle ravine les sentiers du parc, les rues sont en crue, la ville aux sept collines s'électrise dans ce déchaînement de pyrotechnie équatoriale. Je ne résiste pas à l'envie d'aller me prendre la saucée. Paratonné au kasese, je sors sur le pont. L'International claque de tous ses auvents que de violentes bourrasques tentent d'arracher aux balcons. De chaudes mousquetades de grenaille de pluie me plombent la gueule, ses hallebardes me traversent de bien-être. Accroché à la rambarde, je vibre, crépite, mugis, résonne : je suis stratus, je suis la foudre, je suis le vent…

Quel trip je viens de me payer ! Un vrai flash-back de LSD variante « tropiques ». Court mais intense, semblable à cet orage qui a plissé l'argile rougeâtre des jardins de l'hôtel sous sa traîne de boue.

Une fois séché, peigné, fringué, je descends au bar.

Quelques tronches de mal lunés godent leur solitude au comptoir et nos incontournables limaces celtibères bavent d'ennui dans leurs Chesterfield sous l'œil indifférent de vieux lords déchus. C'est l'heure du thé…

Rien de bien nouveau dans la ménagerie si ce n'est la présence inattendue de ce jeune couple d'amoureux tout droit sortis d'un tableau de Peynet. Ils parlent français et l'envie me prend d'aller les saluer.

— Bonjour, je vois que je ne suis plus le seul à prendre le thé chez Madame Tussaud ?

Ils rient franchement l'un et l'autre et m'invitent à me joindre à eux. Il ne nous faut pas longtemps pour sympathiser. On se tutoie *sponte sua.*

François, beau gosse aux cheveux calamistrés, le front haut, élégamment sapé, a le regard bleu et le parler franc. Objecteur de conscience, il aurait dû accomplir son service civil en tant qu'enseignant en Polynésie mais, par manque de bol, il a été affecté dans les services consulaires de notre ambassade à Kampala. Il y exerce sans grand enthousiasme la fonction de factotum de luxe auprès de l'ambassadeur.

Sophie, sa petite amie, est plus réservée. BCBG, cette ravissante brunette savamment maquillée et discrètement parfumée, carré Hermès noué sur les épaules, *very Frenchy* dans son tailleur rose pâle, fleure bon la Parisienne. Elle est aussi prof de français. Ils se sont connus à la fac et ne se sont plus quittés depuis. Elle a mis à profit ses longues vacances scolaires pour rejoindre son fiancé. Ils habitent à proximité de l'International dans une de ces petites maisons blanches qui champignonnent sur la colline.

Le feuilleton Woodstock-Utopia-Kampala produit toujours son petit effet, mais ce n'est pas tant la raison de ma présence en Ouganda que le fait d'être le Mister Frog d'Utopia qui fait mouche.

Impressionné, François n'en revient pas.

— Mister Frog, c'est pas possible ! Mais qu'est-ce que tu fais là ?

— Je viens de te le dire, je suis venu enregistrer Amin !

— J'ai cru que tu plaisantais…

— J'en ai l'air ?

— Pardonne-moi…

Troublé, il garde le silence un instant, cherche des yeux un serveur, l'interpelle, commande une nouvelle tournée.

— Santé !

Reprenant la conversation, il m'apprend qu'il est passionné de musique électronique : du premier Pink Floyd au dernier Kraftwerk, tous les albums de King Crimson, Genesis, Supertramp, Soft Machine, Electric Light Orchestra, Yes, Jethro Tull, Tangerine Dream, Todd Rundgren, Utopia, sans oublier Mister Frog, se serrent la pochette dans leur petit appartement de la rue du Dragon.

Témoignant de son érudition en la matière, il se lance dans un cours magistral sur le rock prog qui me laisse baba. Impressionnant !

Fortiche ce fondu du synthé ! Il pourrait disserter pendant des heures sur la signature sonore d'un Moog, d'un Arp ou d'un EMS, ce dernier étant son favori : Pink Floyd oblige. Il m'avoue modestement qu'il est pianiste et avait envisagé une carrière de musicien avant de s'orienter vers l'enseignement. Il rêve de pouvoir un jour poser le bout de ses doigts sur le clavier d'un Synthi A : ça fait tilt !

— François, ne me dis plus que tu n'as pas de bol !

— Pourquoi ?

— Parce que tu ne réalises pas ce que tu viens de me dire…

— Je ne comprends pas.

— T'inquiète, tu vas comprendre, suivez-moi.

— Où ça ?

— Dans ma piaule.

— Pourquoi ?

— Tu vas voir !

Intrigués, ils règlent les consommations et m'emboîtent le pas. Dans l'ascenseur, ils ne peuvent s'empêcher d'échanger de petits sourires en coin qui se transforment rapidement en un fou rire communicatif, nerveux, enfantin. Arrivé à la porte de ma chambre, j'engage cérémonieusement les clés dans le trou de la serrure :

— *Welcome to the Magical Mistery Tour*, entrez je vous prie…

À peine passé le corridor, François marque un temps d'arrêt : il a repéré l'AKS posé sur ma table et n'en croit pas ses yeux :

— Ah ça alors ! C'est incroyable… Je rêve…

— Pas du tout, mais tomber sur un « Synthi A » au dixième étage de l'International Hôtel à Kampala, ça s'arrose, non ? … Johnnie Walker ou kasese ?

— Johnnie Walker…

Deux godets plus tard, il est aux manettes. Après lui avoir expliqué le fonctionnement de la bécane, je l'aide à échantillonner un programme, paramétrer le sequencer et lui refile le clavier. Au bout d'une heure à peine, même s'il est encore loin de pouvoir faire de la voltige, il jongle habilement d'un oscillateur à l'autre pour composer de courtes séquences eurythmiques, minimalistes, bien foutues : doué, mon petit prof de français. Je le laisse prendre son pied, il s'éclate !

La séance d'initiation terminée, on s'installe tous les trois sur la terrasse pour prendre un dernier verre. Euphorique, François se félicite de notre rencontre et porte un toast à Mister Frog :

— C'est extraordinaire ! Comment aurais-je pu imaginer que je prendrais un jour ma première leçon de synthé ici, sous l'équateur, et qui plus est avec toi… Que penses-tu de ton élève ?

— Qu'il se démerde comme un chef… Encore quelques sessions et tu pourras commencer à t'amuser sérieusement. Reviens quand tu veux.

Ravi, il accepte ma proposition avec un grand sourire.

— Tu comptes rester longtemps ici ?

— Je ne sais pas, pour le moment c'est mal barré…

Et nous voilà replongés dans l'eau trouble de mes tribulations ougandaises.

Au moment de prendre congé, François hésite, fais deux pas, se retourne, revient vers moi :

— Tu veux vraiment rencontrer Bob Astles ?

— C'est ma seule chance…

— Je peux peut-être t'aider…

— Tu déconnes ?

— Pas du tout. Une fois par semaine, je suis chargé d'apporter le courrier diplomatique aux Cape Town Villas. Je peux te faire passer avec la valise…

— T'es sérieux ?

— Très sérieux ! Les gardes me connaissent et ne contrôlent pas ma voiture. Tu te planques à l'arrière sous le plaid et le tour est joué !

— Et après ?

— Je te largue dans un angle mort de l'allée qui descend au palais. Il faudra faire fissa pour ne pas être vu… Ça te va ?

— Pas de problème.

À mon tour d'être bluffé !

— Je ne sais comment te remercier…

— Tu l'as déjà fait.

— Alors banco.

— Parfait. Rendez-vous lundi matin à l'entrée du parc de l'hôtel. Je serai dans une Fiat 128 vert pomme, tu ne peux pas la rater. Dix heures précises à l'angle de Speke Road et de Nile Avenue, c'est bon ?

— J'y serai.

— Dernière chose, tu ne me connais pas et je ne t'ai jamais vu…

— T'es qui vous ?

Il acquiesce d'un clin d'œil, me serre vigoureusement la main avant d'aller rejoindre Sophie qui s'impatiente au fond du couloir.

La voilà, ma « martingale des anges » !

20

Je me réveille transfusé par cet étrange mélange d'excitation et d'appréhension que j'ai toujours ressenti avant de me jeter dans l'inconnu. Rien à voir avec le trac qui vous croche-patte dans la pénombre des coulisses avant d'entrer en scène. C'est une tout autre sensation, une espèce de vertige semblable à celui procuré par le premier shoot d'une drogue nouvelle dont on ignore encore les effets : *are you experienced ?*

Je me suis fait mon cinéma tout au long d'une nuit dentelée par mille et un scenarii tous aussi barjos les uns que les autres. Peu importe le *modus operandi*, j'improviserai, ce n'est plus le moment de me prendre la tête, je saute du lit : c'est le jour J !

Une bonne douche suivie d'un petit-déj généreusement kasesséiné me regonflent à bloc. Mon AKS à la main, me voilà parti. Le miroir de l'ascenseur me renvoie l'image d'un Mister Frog sur son trente et un, rasé de frais, chemisé de blanc dans une veste de lin.

Il ne me faut pas longtemps pour me retrouver à l'entrée du parc de l'hôtel à l'heure convenue. Merde, pas de François ! Au bout d'un bon quart d'heure, je commence à m'inquiéter, grille cigarette sur cigarette, guette anxieusement l'arrivée d'une Fiat 128 vert pomme au milieu du trafic qui s'intensifie sur Nile Avenue.

Enfin la voilà. François se range le long du trottoir, me fait signe de monter à l'arrière et démarre aussitôt :

— Salut Jean-Yves, excuse-moi, j'ai été retardé au consulat ce matin, ça va ?

— Maintenant, oui.

— Désolé…

— Combien de temps nous faut-il pour aller au palais ?

— Une demi-heure environ, ça dépend de la circulation, on y sera vers 11 heures si tout va bien… Tu te planqueras en arrivant à Entebbe, mieux vaut être prudent…

Nous échangeons quelques banalités, partageons nos impressions sur le régime de terreur absurde dans lequel est plongé ce pays que Winston Churchill appelait la perle de l'Afrique, puis, au fil des kilomètres, chacun se retire dans ses pensées. En réalité, je ne pense à rien. J'essaie de faire le vide et me contente de regarder défiler le paysage.

François roule vite et bien. Par une succession de petits coups de volant précis et rapides, il évite les motos qui zigzaguent entre les bagnoles et les vieux camions saupoudrés de poussière d'argile orangée qui bringuebalent péniblement leur surcharge dans la fumée de leurs diesels agonisants. Il lui faut aussi éviter de jouer aux quilles avec la piétaille qui, plus ou moins indifférente à ce capharnaüm ambulant, s'éparpille sur les bas-côtés de la route.

Il sort de son silence pour me demander comment je compte m'y prendre une fois lâché dans le parc des Cape Town Villas.

— Bonne question, j'ai ma petite idée…

— C'est-à-dire ?

— La *commedia del fla-fla*…

— La quoi ?

— Quelle est la distance entre ton angle mort et les gardes à l'entrée du palais ?

— Une trentaine de mètres tout au plus…

— Parfait. Je vais me les faire « superstar-diamant dans le fion-soir de première »…

— Mais encore ?

— J'déconne pas, mon ami Ron Burrus m'a appris comment mettre un pied devant l'autre lorsqu'il s'agissait d'inféoder son entourage.

— Qui ?

— Ron Burrus, le meilleur prof de la meilleure école de théâtre américaine : l'Actors Studio, Marlon Brando, ça te dit quelque chose ?

— Oui et alors ?

— *The knack*, François, *the knack* ! Le mojo, la dégaine ! Ron m'a fait marcher des nuits entières sur Hollywood Boulevard pour me l'enfoncer dans le crâne, me le faire passer avec assurance de la tronche au derche et le cadencer avec élégance jusqu'au bout de mes arpions. C'est ça le « knack », le passeport du conquistador. Aujourd'hui, c'est King Frog aux marches du palais ! … Tu piges ?

— Fou et risqué ton truc… Mais après tout pourquoi pas, Ubu est roi en Ouganda…

— T'inquiète, ça va marcher…

21

Cape Town Villas : *dive, dive dive.*

Je me glisse tant bien que mal entre la banquette arrière et les sièges avant de notre rossinante de Troie pour me limander sous la couvrante.

— Ça va ?

— J'peux pas te dire, jette un œil…

— Merde, t'as laissé le synthé sur la banquette !

— J'ai pas la place…

— C'est bon, ne bouge plus, j'arrive au check-point…

La voiture roule doucement puis ralentit encore avant de s'immobiliser. Le moteur ronronne : François n'a pas coupé le contact. Il a baissé sa vitre pour échanger quelques mots avec les gardes qu'il salue en redémarrant tout en douceur. Collé à la moquette, je reprends ma respiration.

— Comme sur des roulettes, ne te relève pas mais prépare-toi…

Je serre la poignée de l'attaché-case de l'AKS, prends appui sur mon coude, trois… deux… un, coup de frein, *go !* je saute de la bagnole qui repart aussitôt pour disparaître dans les massifs de bougainvilliers.

Accroupi sur la pelouse, mes sens en éveil, je suis aux aguets. Pas un bruit, pas un murmure, une légère brise fait à peine frémir la cime des arbres ; tout est calme, silencieux, paisible. Je me relève, mets un peu d'ordre dans mes vêtements : impec, en avant…

Au débouché du tournant je me trouve face à un grand bâtiment blanc de style colonial, tout en longueur, ses deux étages coiffés de tuiles rouges, surmonté en son centre d'une petite tour. Un drapeau ougandais flotte à son sommet. L'allée de gravillons conduit à un avant-corps soutenu par de massives colonnes en béton : l'entrée du palais. À mon grand étonnement, pas un gonze sur le perron, pas la moindre sentinelle : entrée libre…

Je hâte le pas, pénètre résolument dans le hall pour me trouver nez à nez avec quatre bidasses qui se préparent visiblement à assurer la relève de la garde. Je m'adresse avec autorité à celui qui me semble être leur chef :

— *I'm here to see Major Bob, could you show me the way please...*

Le ton de ma requête est sans appel. Tout se joue maintenant, ça passe ou ça casse… et ça passe !

Il m'escorte jusqu'à la réception de cet ancien hôtel où un planton en chemise à fleurs se rengorge à notre approche. Il me fait penser aux deux énergumènes du SRB qui étaient venus faire leur numéro à la piscine de l'International. Le garde lui balance je ne sais quelle salade en swahili et fait demi-tour en claquant des talons.

Un coup d'œil à ma montre avant de fixer mon interlocuteur en le priant avec fermeté de bien vouloir m'annoncer auprès du Major : je suis à la bourre ! Il hésite un instant puis, sans m'adresser la parole, s'exécute de mauvaise grâce en décrochant le combiné de son standard téléphonique.

Après une brève conversation pendant laquelle, planqué derrière les carreaux de ses fausses Ray-Ban il ne m'a pas lâché des yeux, il raccroche, me balance un abrupt « *Wait here please* » et feint de m'ignorer en feuilletant quelques paperasses qui traînent sur son bureau.

Tout à mon affaire, je suis loin de m'imaginer que, dans un avenir proche, ce prétendu planton saura se rappeler fort désagréablement à mon souvenir.

Je n'ai pas à attendre longtemps. Un majordome vient à ma rencontre et me prie poliment de bien vouloir le suivre. Nous traversons le hall de l'hôtel pour nous retrouver de l'autre côté du bâtiment. Il m'invite à prendre place sur l'unique canapé d'un vaste lobby dont l'enfilade de portes-fenêtres nous offre une vue spectaculaire sur les rives du lac Victoria.

So far, so good. Je patiente en contemplant une fresque de style africano-bolchevik à la gloire du conquérant de l'Empire britannique en Ouganda. Naïvement gouachée, elle recouvre la totalité du mur en face duquel je suis assis. Art officiel oblige, au premier plan, surdimensionné, Idi Amin Dada, décoré comme un arbre de Noël en tenue de combat, pointe son bâton de maréchal dans notre direction pour lancer ses troupes à l'assaut de l'ennemi. Des colonnes de blindés et des Mig en rase-mottes se disputent l'arrière-plan. Ils font feu de tous leurs canons et de toutes leurs ailes dans une fantasmagorique bataille de Koursk subsaharienne.

Au moment même où je parviens à détacher mon regard des narines du dernier roi d'Écosse, surgie de nulle part, une boule de poils en folie me tombe sur le paletot. C'est un singe qui a dû s'introduire dans le hall par l'une des portes donnant sur la terrasse. Poussant de petits cris stridents, il saute d'un côté, saute de l'autre, me tire par la manche, tente de m'arracher l'attaché-case de l'AKS, s'agrippe aux pans de ma veste, m'escalade, se pend à mon foulard, s'en prend à mes lunettes, bondit dans tous les sens tel un diable sorti de sa boîte. Cet enfoiré de chimpanzé a dû s'envoyer un tube d'amphétamines avant de passer à l'attaque ! Je me lève pour mieux me défendre. Ma valoche en guise de bouclier, je m'efforce de le repousser, en vain. Furax, retroussant ses babines, il me montre les crocs et revient à la charge. Le combat est inégal : *help !*

Un « *Stop Monkey !* » paralyse instantanément le primate : la voix de son maître. Je me retourne. De taille moyenne, plutôt sec, une cinquantaine d'années, cheveux gris, courts, peignés en arrière, front dégarni, le visage émacié barré par une généreuse paire de moustaches, un congénère du colonel Nicholson (Alec Guinness dans *Le Pont de la rivière Kwaï*) sort de son bureau. Très calme, d'un pas mesuré, il se dirige droit sur l'animal. Arrivé à sa hauteur, il le prend par la main, le soulève énergiquement et, d'un ample mouvement du bras, l'envoie valdinguer de toutes ses forces contre le mur. L'impact est d'une telle violence que j'ai l'impression que Monkey s'y décalque avant de retomber au sol. Chiffe molle sur marbre blanc, la boule de poils en folie ne se relèvera pas…

Les présentations sont faites…

22

Comme si de rien n'était, Bob Astles me gratifie d'un «*Good morning*» dont l'aimable tonalité contraste avec la noirceur de son regard. Je lui retourne la politesse et lui demande s'il lui serait possible de m'accorder un entretien.

Very british dans son costard bleu marine à rayures blanches égayé par une cravate aux diagonales rouges, vertes et jaunes nouée double Windsor sur un col tout aussi fatigué que son vieux Savile Row, le Major me répond froidement par l'affirmative. Je suis bien en présence d'un ancien officier de l'armée coloniale britannique qui m'ordonne, plus qu'il ne m'invite, à lui emboîter le pas. Je ne suis pas en compagnie de sœur Marie des Anges, mais j'en ai rien à foutre, me voilà enfin en tête à tête avec l'homme le plus craint, le plus haï et le plus puissant en Ouganda après Amin : le Rat blanc !

Son repaire n'est pas très grand, encombré par un imposant bureau d'acajou avec son sous-main de cuir vert flanqué d'une paire de téléphones. Un fauteuil pivotant, deux chaises, une bibliothèque garnie de cartonniers et un classeur à rouleau constituent le reste du mobilier. À l'exception d'une grande carte d'état-major mouchetée de punaises multicolores, aucun objet de décoration, aucune peinture ou gravure sur les murs blancs de l'officine monacale du Major. L'unique fenêtre, qu'il vient de refermer d'un coup sec, donne sur le lac. Au plafond, une antiquaille de ventilateur zonzonne, ses larges pales en bambou brassent à grand-peine l'air déjà chaud et moite de cette fin de matinée. Il me prie de bien vouloir m'asseoir, se cale dans son fauteuil, me fixe, attend.

À moi de jouer. Avec ce pisse-vinaigre, pas de baratin. J'ouvre grand le sac, déballe ma came et lui balance la totale : Mister Frog, le synthé, Woodstock, le rock prog, l'Ouganda, les médias, la renommée du field marshal, ses talents d'accordéoniste, la raison de ma présence en Ouganda et l'objet de ma visite. Enregistrer le remake d'un hit international interprété par Son Excellence ne saurait nuire à sa réputation…

Astles s'est détendu au fil de mon exposé. Il esquisse un léger sourire. Je ne sais pas si je l'amuse ou l'indispose mais, l'éclat de son regard le trahit, je sens que je l'intrigue : je l'ai ferré.

— Qu'est-ce que c'est que cette histoire ?

— Vous connaissez *Little Drummer Boy*[1] ?

---

1. *The Little Drummer Boy, Carol of the Drum* (chant du tambour) est un chant de Noël composé par l'Américaine Katherine Kennicott Davis en 1941 d'après une source traditionnelle tchèque. Il est enregistré pour la première fois en 1951 par les Trapp Family Singers, puis popularisé par un enregistrement de

— *Sorry ?*

— Le chant de Noël, *Little Drummer Boy* !

Je lui fredonne les premières mesures de *L'Enfant au tambour*. Il en reconnaît instantanément la mélodie, hoche la tête :

— *So what ?*

— *So what ?* C'est très simple. J'ai sorti une version électroacoustique de ce *christmas carol* sur un très grand label d'édition discographique. J'en ai fait un arrangement pour accordéon et synthétiseur qui permettrait à Son Excellence d'exprimer tout son talent. Aux dires du directeur artistique de ce label, c'est un Top Ten assuré, un smash hit ! Vous permettez ?

Avant même qu'il ne me réponde, je joins le geste à la parole, prends mon synthé, l'installe sur son bureau, le programme, lui envoie mon régiment de cornemuses…

Ça marche ! En un rien de temps, je tiens l'Écossais au bout de mon joystick. Je suis en forme ce matin, mes doigts dansent sur les touches du clavier de l'AKS. J'enchaîne glissandos, sauts d'octave et *pitch-bend*, me lance dans une impro à faire flûter le filtre de mes oscillateurs. Je suis barré, je pète le feu, j'oublie tout : je joue !

Je termine mon numéro par un tour de passe-passe au sequencer, une pirouette pour rebondir sur la ligne

---

1958 de la chorale de Harry Simeone. Il a fait l'objet de plus de deux cents traductions et interprétations. Il est connu dans les pays francophones sous le titre *L'Enfant au tambour*.

mélodique et me poser en douceur dans le decrescendo du dernier accord.

Piane-piane, à petits coups de parapapampam, *Little Drummer Boy* s'évapore dans les ultimes vibrations de la peau de son tambour.

Touché ! J'ai fait un trou dans la banquise. Rock and rolled Bob sort enfin de son silence :

— Comment appelez-vous cet instrument ?

— Un synthétiseur, celui-ci est anglais, un EMS, la Rolls des synthétiseurs…

Of course, ne peut s'empêcher de snobiner le Briton. Un vague sourire, puis il décroche le combiné de l'un de ses téléphones. Il fait pivoter son fauteuil, s'isole en me tournant le dos, converse longuement à voix basse, raccroche et place aussitôt un appel sur l'autre ligne. Le ton change : échange bref, sec, brutal, directif.

— Je viens d'envoyer chercher les musiciens de Son Excellence. Vous expliquerez à leur chef ce que vous attendez d'eux. *Now it's about time to have a drink, isnt'it ?*

Mon gentleman sort deux verres bombés à col étroit et un flacon en cristal de son secrétaire à rouleau, les remplit généreusement, lève cérémonieusement le sien : *cheers !*

J'apprécie instantanément l'arôme boisé de ce single malt, son goût de caramel salé avec des touches de vanille, ses mofettes terreuses, sa longueur en bouche aux notes maltées de sucre d'orge qui dérivent longtemps. Par saint Georges, le Nessie du lac Victoria ne plaisante pas avec son casse-pattes *made in Scotland* !

— Voilà bien longtemps que je n'ai goûté un aussi bon whisky : Glendronach ou Laphroaig ?

— Ni l'un ni l'autre…

— Lagavulin ?

— Non plus, mais vous n'en êtes pas loin, cherchez un peu…

— Désolé, je ne vois pas…

— Bruichladdich, cela vous dit quelque chose ?

— Non, mais je m'en souviendrai… Vous venez de me faire découvrir un single malt d'exception. *Thanks*.

Par petites gorgées, je savoure le nec plus ultra des spiritueux de l'île d'Islay en compagnie de cet amateur raffiné qui me devient de plus en plus sympathique. Et pourtant, c'est le même paroissien qui vient d'éclater son singe de compagnie sur un des murs du palais. Au fil de la conversation, entre deux lampées, il m'annonce que le président, le field marshal Idi Amin en personne, va venir m'écouter.

Insondable mais efficace l'aristarque de la tourbe !

Des talons hauts claquent dans mon dos. Entrée bille en tête dans le repaire du Rat blanc, une jeune femme élégamment vêtue frôle l'accoudoir de mon fauteuil sans me prêter la moindre attention, fonce sur le Major, lui tend un document puis, se dressant sur la pointe des pieds, s'appuie sur son bureau pour lui glisser quelques mots à l'oreille.

Accotée à craquer, elle me paonne à bout portant un magnifique valseur moulé dans une jupe diaphane sous laquelle se dessinent les contours de sa petite culotte. Je flashe, triquette, fantasme…

Bob l'écoute avec attention, opine du chef, fronce les sourcils, grimace, puis, d'un geste entendu accompagné d'un étrange sourire, la remercie. Elle se retourne, j'hallucine : Poison Ivy !

Je reconnais instantanément la mèche blonde de la biche aux abois qui était venue me faire le grand jeu dans ma chambre d'hôtel, celle-là même qui craignait pour sa vie et me suppliait de l'aider à quitter l'Ouganda.

La surprise est totale et réciproque. Je n'en reviens pas, elle non plus ! Clouée sur place, perchée sur ses escarpins, elle me fusille du regard, vacille un instant puis, retrouvant l'usage de la parole, furieuse, m'apostrophe :

— Qu'est-ce que vous foutez là, vous ?

Gonflée, la gorgone ! Ce serait plutôt à moi de lui demander ce qu'elle fiche ici à faire des messes basses avec l'éminence grise du fou sanguinaire qui était censé lui trouer la peau. Avant même que je puisse lui répondre, elle se barre en claquant la porte. Indifférent à cet intermède imprévu, Bob Astles ne laisse pas le temps à la gêne de s'installer : il se lève et m'invite à le suivre.

— Allons voir les musiciens, ensuite nous irons déjeuner en attendant l'arrivée du président. *Follow me.*

J'embarque mon synthé et lui emboîte le pas. À mon excitation de toucher au but succède la désagréable sensation de m'être fait emmancher, non seulement par Poison Ivy, mais peut-être aussi par celui qui tire les ficelles d'un inquiétant théâtre de marionnettes dont l'une des *pupazzi* vient de perdre son masque. *Who's who* et qui joue à quoi dans les coulisses impénétrables des Cape Town Villas ?

23

Dès qu'il nous aperçoit, un jeune homme qui faisait le pied de grue sur la terrasse s'empresse de venir à notre rencontre.

— *Good morning Mister Bob.* Je suis arrivé aussi vite que possible, les autres ne vont pas tarder…

Le Major me présente Elijah, le chef des musiciens du palais. Il lui demande de se mettre à ma disposition et de me procurer le matériel dont je vais avoir besoin pour mon showcase présidentiel. Avant de nous quitter, il m'invite à le rejoindre au restaurant dès que j'en aurai terminé avec mon set-up.

Petit, fin, le regard vif, Elijah me conduit aussitôt à l'autre bout de la terrasse dans une grande salle, haute de plafond, très certainement la salle de bal de cet ancien hôtel. D'un côté, une douzaine de tables rondes sont alignées le long des portes-fenêtres. De l'autre, sur une estrade en bois blanc festonnée de velours rouge, s'entassent pêle-mêle entre les projo, les baffles de la sono, les instruments, les micros et les amplis du groupe.

J'ai besoin d'un ampli puissant qui me permette d'envoyer la gouache. Il me propose un gros Marshall Super Lead flambant neuf dont les cent watts devraient faire l'affaire.

Les membres du groupe arrivent à point nommé pour nous aider à transporter le matos. Je leur demande de déposer la tête d'ampli et ses deux cabinets d'enceintes contre le mur de la terrasse de façon à projeter le son à la manière d'un théâtre antique. J'installe mon synthé sur une espèce de sellette afin de pouvoir jouer debout et contrôler plus facilement les potards du Marshall.

Tout comme les musiciens de l'International, ils se pressent autour de l'AKS, m'encerclent, suspendus au moindre de mes gestes. Dès les premières notes, ils ne peuvent s'empêcher de manifester leur étonnement. Le petit clavier bleu aux touches thermo-contact avec lequel je contrôle le sequencer les intrigue particulièrement.

Elijah est fasciné :

— Quel instrument ! C'est magique ton truc, je peux l'essayer ?

— Bien sûr, amuse-toi ! Je vais te le programmer et régler l'ampli.

Timidement, il commence par faire des gammes, tâtonne, puis, ayant pigé le fonctionnement de la bécane, se lance. Je lui ai chiadé un gros son de Fender Rhodes avec juste ce qu'il faut de distorsion pour déchirer les haut-parleurs du Marshall qui crache honorablement ses cent watts : il s'éclate !

Un de ses musiciens va chercher sa gratte et se branche. Un autre se colle aux percus. Le bassiste s'en mêle et nous groove un riff sur lequel une jeune femme racée, enjouée, se met à danser. C'est ainsi que je fais la connaissance de Susie, la chanteuse du groupe, avec qui je nouerai une amitié profonde.

Je partage le clavier avec Elijah. On se donne la réplique en alternant lignes mélodiques et petites séquences dans un kadongo où musique ougandaise et électro-pop occidentale font bon ménage. Une autre guitare se cale sur la rythmique. Deux cuivres viennent ensoleiller la session : ça swingue béton, cartonne d'emblée. Inventifs, alertes, expressifs, ce sont d'excellents musiciens dotés d'un sens inné de l'improvisation. De plus en plus suggestive, « Salomé » endiable le tempo. Ce bœuf prometteur est hélas interrompu par l'arrivée d'un boy : le Major s'impatiente.

24

Seul dans la salle du restaurant, adossé à la baie vitrée donnant sur le lac Victoria, un verre de bière à la main, Mister Bob m'attend. Gardant le silence, il me donne le temps d'admirer le paysage. L'échappée est grandiose. Au pied de la terrasse, à l'ombre des flamboyants, les fleurs bleues des clérodendrons papillonnent sous les pompons roses des albizzias. En pente douce, abandonnant les massifs irisés des lantanas, une vaste pelouse se décolore en approchant du rivage. De courtes vagues clapotent sur un listel de sable fin.

Je cherche en vain l'autre rive de ce lac immense qui déborde sur l'horizon.

Dans ces eaux à remonter le temps transparaît l'image d'un tout jeune sous-secrétaire d'État aux Colonies qui, il y a soixante-dix ans, a peut-être posé son chevalet sur ce vieux ponton vermoulu à côté de l'embarcadère. Churchill avait-il ses pinceaux pour immortaliser sa visite au roi Daudi ?

La voix timbrée du Major m'arrache à cette rêverie :

— Je vous déconseille fortement la baignade, ce lac est infesté de crocodiles… Passons à table, je vous prie.

Au menu : tilapia servi avec du riz accompagné de chapatis fourrés d'oignons ; vin blanc ou bière ougandaise. J'ose le vin blanc ; Bob reste à la bière. Ni lui ni moi n'éprouvons le besoin de faire la conversation : nous déjeunons en silence et c'est tant mieux, j'ai déjà la tête dans mes oscillateurs. Tout à coup, venue de nulle part, une demi-douzaine de fous furieux armés jusqu'aux dents fait irruption dans la salle du restaurant. Agressif, le doigt sur la gâchette, leur galonné en chef m'ordonne de ne pas bouger. Tout à son poisson grillé, apparemment rompu à ce genre de manifestation, le Major ne leur prête aucune attention. Soudain, cette bande de Rambos hallucinés se fige au garde à vous : le voilà. Mastard, le président à vie dans sa tenue léopard !

Astles s'est levé pour se porter à sa rencontre. Il me paraît soudain minuscule. Tous deux s'avancent vers moi, marquent un temps d'arrêt, puis reculent comme pour mieux m'observer. Ils devisent à voix basse sans me lâcher des yeux. J'ai du mal à soutenir le regard hostile du maréchal qui m'anatomise du haut de son mètre quatre-vingt-dix-huit.

Bien au-delà de ce que le film de Barbet Schroeder pouvait laisser paraître, ce colosse dégage dans la réalité une bestialité impressionnante : la trouille, c'est physique !

Je n'ai aucune idée de ce que le Rat blanc peut bien lui raconter mais ça a l'air de l'intéresser et même de lui plaire : il se relâche, me décramponne. Soulagé, débarrassé de la désagréable impression de me faire dépiauter, je reprends confiance. Au bout d'un bon quart d'heure pendant lequel, toujours sous la menace des arquebusiers de Sa Majesté, je n'ai pas osé lever le petit doigt, le Major vient m'annoncer que Son Excellence désire m'entendre.

Trahi par le pli de sa moustache, le glacis de son flegme britannique fendillé par le sourire de ses pattes-d'oie, il cligne des yeux en m'adressant un engageant « *Be good, young man...* »

Est-ce un encouragement ou un avertissement ?

Je prends le temps de finir mon verre avant de quitter la table. De retour sur la terrasse surchauffée par un soleil à son zénith, je regagne mon synthé bien décidé à leur swinguer un *Little Drummer Boy* à faire danser les crocos du lac. Je vais lui faire cracher ses cent watts à ce putain de Marshall !

Flanqué de son éminence grise, Amin Dada s'est positionné à une dizaine de mètres derrière moi, légèrement sur ma gauche, devant l'entrée du restaurant. Les musiciens se sont regroupés sur ma droite. Sympas, ils me balancent discrètement des petits signes d'encouragement.

Je vérifie mon matériel, accorde mes oscillateurs, retrace mon patch, ajuste la réverb, monte les niveaux, ferme les yeux : c'est parti !

D'un coup de canne de sergent-major, bombardes, *bagpipes*, binious et cornemuses nous balancent un *pibroch* galvanisant qui fait vibrer le bleu du ciel et remonte irrésistiblement le long des moelles épinières pour nous donner le frisson.

Sur les rives du lac Victoria, les highlanders du Royal Regiment of Scotland défilent au grand complet ; les pompons rouges des marins du Bagad de Lann-Bihoué marchent à leur rencontre, les Uilleann pipers irlandais du Field Marshal Montgomery Pipe Band débarquent en rangs serrés. Et de partout, ça bourdonne, bombille, binioute, sonnaille et improvise à l'unisson : les Penn-soners[1] donnent le ton. En première ligne, cachés sous les notes, les solistes des Somme Battlefield Pipe Band's bondissent de la portée pour monter à l'assaut des Cape Town Villas.

Ça globule sec du côté des quinquets de son excellence ; il en prend plein les esgourdes le roi d'Écosse ! À le voir, Idi Awo-Ongo-Angoo[2] mène la troupe ; le natif de Koboko a rejoint le bataillon des King's African Rifles dans lequel il a fait ses armes : *Rule Britania, rule Uganda…*

Un penn-talabarder[3] fait taire les bombardes. Au son des caisses claires, *L'Enfant au tambour* sort des rangs. Soutenue par les trois bourdons des Pìob-mhòrs[4], sa mélodie s'arc-en-ciële d'un bout à l'autre de la terrasse ; anches simples et anches doubles époumonent les haut-parleurs des baffles. Ils

1. Littéralement « sonneur en chef » en breton.
2. Nom de naissance d'Idi Amin Dada.
3. Dans un bagad, chef du pupitre des bombardes.
4. Ou *great Highland bagpipe* en anglais (grande cornemuse des Highlands).

sont au moins deux cents en kilts, chupens, kabics et tartans à débouler de mon synthé pour le fest-noz[1] final : *parapampampam !*

Je joue, je joue, et joue encore… Tout fonctionne à merveille. Je n'ai pas pris un pied pareil depuis Carnegie Hall. Finalement, à court d'oscillateurs et d'imagination, je ralentis le tempo, casse la cadence, sonne la retraite. Highlanders et bagadoù se replient en bon ordre pour disparaître dans l'interminable decrescendo du sequencer. Les pupitres se désagrègent, les binious hoquettent, les cornemuses vident leur poche dans un dernier soupir.

Je suis vanné !

1. Fest-noz ou festoù-noz : danse ; musique à danser.

25

Petit passage par le caisson de décompression avant de revenir sur terre. Les musiciens sont emballés. Ma performance les a complètement zingués. Susie me prend dans ses bras :

— Mon cousin Hamzah avait raison, tu es un magicien mon frère…

Wahoo, je n'en demandais pas tant !

Je jette un coup d'œil du côté du restaurant : merde, Amin et Bob ont disparu.

Inquiet, je songe au pire en rangeant mon synthé quand un planton vient m'annoncer que le Major m'attend dans son bureau.

Celui-ci m'accueille avec un « *Make yourself comfortable* » qui me rassure quelque peu.

— Bruichladdich ?

Le flacon en cristal et deux verres sont déjà sur la table. Retour à l'île d'Islay où je retrouve avec plaisir l'arôme boisé de son exceptionnel single malt : *cheers*…

Boutonné, les yeux mi-clos, le marionnettiste du palais se tourbe cérémonieusement le blase puis, par petites gorgées, prend un malin plaisir à faire durer le suspense.

Après un long silence, il se décide enfin :

— Belle démonstration…

Lampée.

— J'ai beaucoup apprécié…

Lampée – pause – lampée.

— Le président aussi…

Temps mort – sip-sip – reprise du temps :

— Il est même favorable à votre projet d'enregistrement…

Lourdingue, le petit numéro de l'archipatelin de Sa Majesté, mais quel soulagement ! J'y suis, j'ai gagné. *The lord of electronic music*[1] a réussi son coup ! Je m'autocongratule, m'encense *in petto*, me shoote à l'ego : la grenouille est maintenant plus grosse que le bœuf !

Un deuxième Bruichladdich chasse les derniers nuages et, quand le Major m'informe qu'il me donne carte blanche pour mener à bien mon projet, je tutoie les sommets. Aux anges, en guise d'action de grâce, je lui déclare que j'ai l'intention d'offrir mon synthé à Son Excellence une fois l'enregistrement terminé.

Il opine du chef, réfléchit un instant, me fixe intensément avant de me répondre que le maréchal y sera certainement très sensible et d'ajouter qu'il apprécie à sa juste valeur ce geste de gentleman : j'en siphonne mon verre ! Il termine tranquillement le sien, jette un discret coup d'œil à sa montre, décroche son téléphone :

— Vous souhaitiez revoir le chef de la musique, n'est-ce pas ?

---

1. Surnom donné à Mister Frog par la presse musicale aux États-Unis.

— Oui, c'est indispensable…

Elijah ne devait pas être bien loin car il se présente dans la minute qui suit. N'ayant pas été invité à s'asseoir, il reste debout, en retrait. À la recherche d'une posture, il est visiblement très mal à l'aise en présence du Rat blanc.

Je lui explique ce que j'attends de lui et de ses musiciens :

1) Enregistrer une démo de *Little Drummer Boy* pour Son Excellence (je tracerai la ligne mélodique de l'accordéon au synthé).

2) Sélectionner dans leur répertoire un florilège de musique trad pour compléter l'album.

3) Se mettre au travail le plus rapidement possible.

Nous tombons vite d'accord : une semaine de répétitions devrait nous suffire. Première session demain en début d'après-midi : Elijah viendra me chercher à l'International après le déjeuner. Bob acquiesce :

— Très bien messieurs, vous savez ce qu'il vous reste à faire.

Il congédie sèchement Elijah qui, de « *Yes Mister Bob* » en « *Very good Mister Bob* », s'empresse de foutre le camp.

Avant de me serrer la main, le Major me tend un bristol sur lequel il a écrit le numéro de sa ligne directe :

— Cela pourrait vous être utile…

26

À l'arrière de la voiture que le Major a mise à ma disposition pour retourner à l'hôtel, je me repasse le film de cette folle journée. Avec la brousse en fond d'écran, je regarde défiler de petites constructions en terre battue aux toits de tôle rouillée. La Peugeot talonne sur les dos-d'âne, cogne dans les nids-de-poule, zigzague, frôle dangereusement des grappes de femmes-chicanes chapeautées de bassines en plastique de toutes les couleurs.

Le soleil se couche sur les premiers immeubles de Kampala. Il fait encore chaud. Les dernières odeurs de la savane se mêlent à celle des gaz d'échappement et à la fumée des barbecues que des daronnes en boubou, entourées d'une ribambelle de marmots en tee-shirt crasseux, ont allumés le long de la route. Après cette incroyable virée dans les arcanes de Dadaland, j'ai presque l'impression de revenir à la maison. Je reprends mes marques, respire librement loin de l'air vicié de ce mélange de maison de cure et de Kommandantur que sont les Cape Town Villas.

Mon chauffeur ne m'a pas adressé la parole pendant tout le trajet. J'ai bien essayé de faire la conversation mais pour toute réponse je n'ai eu que des haussements d'épaules accompagnés parfois de sourds grognements. Les manches d'une chemise hawaïenne avantageusement retroussées sur ses biscotos, sa paire de Ray-Ban *made in China* miroitant dans le rétroviseur, lui aussi me fait penser aux deux cow-boys du SRB qui sont venus foutre le binz au bar de la piscine la semaine dernière.

Coup de frein brutal, nous sommes à l'International. Rivé à son volant, il me débarque sans un mot. J'ai tout juste refermé la portière qu'il emballe le moteur pour nous frimer un démarrage à la *Fureur de vivre.* Il écrase l'accélérateur, fait patiner l'embrayage, se plante de rapport : la 504 broute et cale… J'en ris encore en arrivant dans ma chambre où je m'empresse de téléphoner à François :

— Comment vas-tu depuis ce matin ?

— C'est à toi qu'il faut le demander…

— Il faut que je te raconte, c'est dingue… Neuf heures au bar de l'International, ça te va ?

— D'accord !

— Tu viens avec Sophie ?

— Non, je préfère être seul…

Je me réjouis à l'idée de passer la soirée avec mon factotum diplomatique providentiel. Je lui dois une fière chandelle : sans l'aide de sa « valise », je bouclais la mienne !

J'ouvre le bal sur le balcon. Certes, mon waragi n'est pas le Bruichladdich du Major mais mélangé à l'élixir d'Hamzah, c'est de la nitro : ça se transporte mais faut faire gaffe...

Porté par le vent de la mousson, le cri lugubre des grues royales me refile le blues. Il y a quelque chose d'angoissant dans ces stridulations de bébé qui pleure le crépuscule au fond de la vallée. L'esprit des marais me tourmente. Déraciné, j'ai le mal du pays. Dans les vapeurs de mon cocktail, je cherche mon clocher, la place de mon village, le confessionnal d'ivoire du clavier des orgues de mon enfance. Pris par le cafard, le rocker chante le petit séminariste :

... *Mother, please don't leave me alone at night, I misbehave, you know I'm right...* [1]

Ferme-la, tu débloques Froggy, ressaisis-toi, tout va bien… dégaze !

Une demi-rouille plus tard, j'ai chassé les ténèbres, passé ma gueule à l'eau froide, retrouvé mes esprits ; il est temps de rejoindre François. Il m'attend au bar. Prudents, on va s'installer à une table loin des oreilles indiscrètes. Faute de champagne, c'est au cava espagnol que je lui fais le récit de mon raid aux Cape Town Villas :

— Je n'en reviens pas, comment as-tu fait pour ne pas te faire jeter et rencontrer Bob Astles…

— Au bluff, je te l'avais dit, la *commedia del flafla…*

— Et ça a marché ?

— Comme sur des roulettes…

— Chapeau… Personne ne t'a rien demandé ?

1. Paroles de *Born to Be Retarded*, chanson de Mister Frog.

— Personne, pas même le Rat blanc…

— Et tu as vu Amin…

— Comme je te vois…

— Et il a accepté ta proposition d'enregistrement ?

— C'est ce que m'a fait savoir le Major après mon one-man-show.

— Je n'arrive pas à y croire…

— Tu n'as pas entendu ce que je lui envoyé dans les anses sur la terrasse des Cape Town Villas ! C'était grandiose…

— Je n'en doute pas, je sais de quoi tu es capable avec ton AKS. Mais…

— Mais quoi ?

— J'ai un drôle de feeling… Tu devrais en parler à Charles.

François s'inquiète pour rien. Bien qu'il m'ait prouvé qu'il avait des couilles – sans doute tenues en laisse par l'orthodoxie d'une éducation bourgeoise –, certaines audaces lui sont inconnues. Ce genre de mec ne bouscule pas le destin : il a renoncé à une carrière de musicien pour devenir prof de français, s'est maqué avec une Sophie *made in* Paris XVIe, a choisi la coopération plutôt que l'insoumission…

Peu importe, c'est mon pote, il m'a permis de réussir mon coup et rien que pour ça, sous l'œil intrigué du barman, je lui concocte un Black Velvet. Conformément à la tradition, je mixe dans les mêmes proportions mousseux et bibine locale. Versée à froid, la bière remonte, bulle et surnage. Nous trempons nos lèvres dans l'écume de ce brassard d'or. À la demi-pinte, on étincelle ; à la pinte, on court-jute…

Avant d'être totalement HS, François s'arrache de son fauteuil :

— Je dois y aller…

— Ça ira ?

— Oui, je vais laisser ma voiture au parking, je rentre à pied…

— Hé, François, merci.

— Pas de quoi. Tiens-moi au courant…

— Promis.

27

Une des particularités du black velvet, hormis le fait que cet excellent cocktail soit la garantie d'un K-O à la première pinte, c'est qu'il ne refile pas la gueule de bois.

Décongelé par les rayons du soleil qui me caressent le museau, je patouille quand même un chouïa à poil sur mon paddock. J'ai dû me mettre en pilote automatique pour monter me coucher après le shunt. La boule d'anxiété qui me nouait les tripes dès que j'ouvrais l'œil a disparu. Dans un réflexe enfantin, j'en pète de contentement, me glisse dans les draps, enlace mon oreiller et referme les paupières pour profiter encore un peu de la sensation d'apesanteur que me procure ce demi-sommeil dans l'antichambre du réel.

Toc toc toc. J'enfile mon froc, passe un tee-shirt. Réglé comme une horloge, Darren, mon garçon d'étage, s'aboule tous les matins à 8 heures tapantes avec le petit-déj.

Surprise… Un tendron de soubrette me gazouille un séraphique « *Good morning sir* » avant d'aller déposer son plateau sur la table et tirer les rideaux.

— Voulez-vous prendre votre petit-déjeuner sur le balcon ?

— Oui s'il vous plaît… Darren n'est pas de service aujourd'hui ?

— Je ne sais pas. Je suis nouvelle au room service… Je m'appelle Eva.

— Cool, ce beau prénom vous va à merveille.

— *Thank you sir.*

Joliment prise dans son spencer de service bleu marine – col Claudine, chemisier blanc –, plus collégienne anglaise que chambrière, cette ravissante lisette m'émoustille sur-le-champ d'autant plus intensément que je suis privé depuis plusieurs semaines de mon rituel *good morning delight* conjugal.

— *Do you need anything else ?*

En d'autres circonstances, je n'aurais pas hésité à lui répondre par l'affirmative mais aujourd'hui il n'y a de place ni pour le baratin ni pour la bagatelle, je n'ai que quelques heures pour transformer mon synthé en piano à bretelles avant ma première répétition avec les musiciens d'Amin. Beau dommage…

— Non merci Eva, tout va bien.

— Bonne journée monsieur, à demain.

Corsé d'une burette d'inflammable, mon café me remet d'équerre : au boulot !

Je n'ai jamais programmé de son d'accordéon sur mon AKS. Après un premier essai, je me rends compte que ce n'est pas aussi simple que je l'imaginais. Le son (timbre-couleur-tonalité) ne présente aucune difficulté, par contre le jeu du soufflet (attack-sustain-delay) est beaucoup plus problématique : le muzungu est dans la merde !

Trois heures et un demi de kasese plus tard, je tiens le bon bout : en bistournant le patch de mes cornemuses, j'y suis enfin arrivé ; l'accordéon respire et moi aussi.

J'ai juste le temps de faire un brin de toilette avant d'aller déjeuner ; Elijah ne va pas tarder.

Je passe au bar en vitesse, jette un coup d'œil à la piscine. Aucune de mes connaissances parmi les pierrots au comptoir, les businessmen à l'apéro, les vétérans au gin tonic, les rombières sous parasol et les pétasses à la bronzette. Je file au resto.

J'expédie mon repas, torche-café et pousse-café, remonte dare-dare récupérer mon AKS que j'ai laissé dans ma piaule. Mal garé, le chariot d'une femme de ménage en interdit l'accès. Je le pousse sans ménagement, entre et tombe sur une fouinarde le nez dans mon placard :

— *What are you doing ?*

Elle sursaute, se fige, penaude, l'oreille basse, fixe ses pompes. Retrouvant l'usage de la parole, elle recule vers la porte en me baragouinant un « *Cleaning sir... cleaning, cleaning...* »

C'est tout ce qu'elle sait dire avant de disparaître dans le couloir en grinçant des roulettes.

Rien ne manque, tout est en ordre ; la seule trace de son passage serait peut-être que chemises, tee-shirts, calbuts et falzars me semblent mieux rangés qu'ils ne l'étaient auparavant : trahie par un excès de zèle, *miss Tidy* ! Après tout, tant qu'il n'y a pas de fauche, je m'en cogne… si ça les amuse.

28

Quel timing ! J'arrive dans le lobby en même temps qu'Elijah. Il me fait un grand signe de la main et vient à ma rencontre. Il est venu me chercher avec Susie qui nous attend sur le parvis de l'hôtel. Comme si nous étions déjà de vieux amis, elle m'embrasse serré avant de se glisser à l'arrière de la Toyota.

Nous ne sommes pas sortis de Kampala que nous sommes à l'ouvrage. Mon lecteur de cassettes sur les genoux, le volume à fond, je repasse en boucle mon enregistrement de *Little Drummer Boy.* Elijah l'écoute avec attention, me pose les bonnes questions, réfléchit. Il ne tarde pas à me proposer une transcription qui permettra à son groupe d'en tropicaliser l'interprétation.

— Pourquoi pas. Si vous restez fidèles à la ligne mélodique et à mes arrangements, je n'y vois pas d'inconvénient…

— Oui, oui, pas de souci… alors t'es OK ?

— Bon, je ne sais pas exactement ce que tu as en tête mais si tu veux faire danser *L'Enfant au tambour* avec Susie sur les brisées d'un afro-beat, je suis d'accord. Tope là !

Nous éclatons de rire comme des mômes. Susie glisse délicatement sa main dans mes cheveux, la pose sur mon épaule. Je la prends pour la garder dans la mienne. Quelque chose d'indéfinissable vient de se produire entre nous. Ce n'est pas de la drague, ça ne sent pas le cul, ça se passe ailleurs, pas loin du cœur.

En arrivant aux Cape Town Villas, pris d'une espèce de vertige, je toupine hors du temps : il y a tout juste vingt-quatre heures, je pénétrais dans ce parc en serrant les fesses sous une couvrante… Aujourd'hui, c'est tout juste si les plantons ne mc saluent pas lorsque je passe la porte du palais : *life is a carnival…*

Tous les musiciens de l'orchestre nous attendent dans la salle de bal. De paluche en paluche, chacun y va de son petit mot sympa, d'une tape amicale, d'une accolade. La jam-session d'hier a créé des liens.

Maintenant au travail ! Plutôt que de brouillonner une partoche, Elijah opte pour un déchiffrage direct en play-back. Bonne idée. Après un court briefing, batteur, percussionniste, bassiste, guitaristes montent sur scène, accordent leurs instruments et, l'un après l'autre, sous la direction de leur chef, se calent section par section sur l'enregistrement que je leur balance dans la sono.

Je suis impressionné par la rapidité avec laquelle ils en mémorisent la moindre note et en transposent l'orchestration. Ces musicos ont de la feuille ! En moins d'une heure, plus besoin de play-back. J'accordéonne alors la ligne mélodique au synthé jusqu'à ce que l'on soit parfaitement synchro. Impec. Il ne me reste plus qu'à refiler mon clavier à Elijah : à lui de faire danser le kadongo à *L'Enfant au tambour.* Je le quitte pour aller saluer le Rat blanc que je viens d'apercevoir sur la terrasse. Droit comme un piquet, les bras croisés sur la poitrine, la tête haute, il concentre son regard sur les eaux du lac.

— *Good afternoon Major.*

— *Hello my friend.*

Ce « *Hello my friend* » n'a rien d'amical : j'ai l'impression de le déranger. Sans lâcher des yeux un canot à moteur qui file sur l'embarcadère, il me demande où j'en suis :

— On avance beaucoup plus vite que je ne l'espérais.

— Excellent... Dites-moi, ne vous serait-il pas plus pratique de demeurer ici ? Je peux mettre un bungalow à votre disposition...

— Je vous en remercie, mais pas pour le moment, je préfère rester à l'International...

Sur un tranchant « *Very good then* », il me plante là et se casse. J'espère ne pas l'avoir froissé en refusant cette surprenante proposition mais je n'ai aucune envie de séjourner aux Cape Town Villas : *too close for comfort...*

Comme les musiciens n'ont pas besoin de moi pour le moment, je décide de prendre un break. Il fait si chaud en cette fin d'après-midi que j'aurais bien piqué une tête, mais les crocos qui squattent la baignoire de la reine Victoria n'étant pas des petits canards en celluloïd, je me contente d'en longer le bord.

Le bateau qu'observait Bob Astles vient d'accoster. Cet *in-bord* en bois d'acajou, beaucoup plus grand qu'il ne paraissait lors de son approche, a vraiment de la gueule. Je m'engage sur le ponton pour observer de plus près ce magnifique runabout. Deux troufions sont à la manœuvre. À sa proue, adossés au bastingage, deux autres militaires sont en grande discussion avec un gorille de Sa Majesté qui est venu les attendre. Je ne sais pas ce qu'ils se racontent, mais dès qu'ils m'aperçoivent, ils baissent le ton. Rebelote, tout comme avec le Major, j'ai encore une fois l'impression de déranger, de foutre les pieds dans je ne sais quel plat de matoké. Les tronches de forbans de l'équipage me sassent en diagonale en échangeant des coups d'œil qui ne me disent rien qui vaille. Mieux vaut me barrer. Trop tard, le gros bras en chemise à fleurs m'interpelle pour me proposer une balade. Je décline. Il insiste !

Je ne le sens pas du tout, ce gazier. Dans un numéro de guide touristique à faire fuir le chaland, il tient absolument à m'embarquer pour une petite virée « carte postale-soleil couchant » sur le lac. Non, non et non ! Il s'obstine, argumente, se vexe, n'acceptant pas que je refuse sa gracieuse invitation. Comme je n'en ai rien à foutre, il en devient limite menaçant ce gros con !

Je suis tiré d'affaire par Susie et les musiciens qui, du haut de la terrasse, s'égosillent en agitant les bras tels des sémaphores :

— Mister John… Mister John… *rehearsal… rehearsal…* Venez vite, on répète !

Soulagé, je plaque le karbau et m'empresse de les rejoindre. J'apprendrai plus tard que je viens de l'échapper belle.

Dans la salle de bal *Little Drummer Boy* danse maintenant le kadongo. Je ne peux m'empêcher d'enfiler mon piano à bretelles pour me joindre à eux avant que les musiciens ne plient leur matos et regagnent leurs pénates. C'est super, merci les gars !

Pas besoin de demander un chauffeur au Rat blanc, Elijah tient à me ramener à Kampala.

29

— Redescends mon ami, tu planes… Réfléchis un peu, ça ne tient pas debout ton histoire…

Charles, avec qui je déjeune aujourd'hui à l'International, ne partage pas mon enthousiasme. Je viens pourtant de lui raconter comment j'ai réussi à m'introduire dans les Cape Town Villas, à me brancher avec le Rat blanc et à donner un showcase inespéré pour le maréchal Idi Amin en personne. Je lui ai aussi parlé de la fin tragique de Monkey et de ma rencontre fortuite avec Poison Ivy.

Contrarié par son attitude dubitative, je l'interroge :

— Qu'est-ce qui te dérange ?

— Tu veux vraiment le savoir ?

— Accouche…

— Eh bien voilà : 1) Je trouve étrange que débarquant de nulle part, Bob Astles t'ait reçu sur-le-champ sans te poser la moindre question ; 2) Sidérant que le président se soit déplacé aussi rapidement pour venir t'écouter… ; 3) Curieux que tu te sois retrouvé nez à nez dans le bureau du Major avec la gonzesse qui était venue te faire son numéro de pute aux abois dans ta chambre d'hôtel ; 4) Incompréhensible que l'inaccessible Mister Bob t'ait refilé le numéro de sa ligne personnelle. À ta place, je commencerais à faire gaffe…

— Qu'essaies-tu de me dire ?

— Que ça pue ton truc.

— Mais encore…

— Que tu as bien fait de refuser son invitation à séjourner aux Cape Town Villas.

— Et pourquoi ?

— Parce qu'on n'a jamais revu certains invités du Major, ça te va ?

— C'est tout ?

— C'est tout.

— Cognac ?

— Cognac.

— Garçon ! Deux cognacs s'il vous plaît.

J'aime beaucoup Charles mais, à la différence de François, mon sybarite de Breton ne rock and rolle qu'en dessous de la ceinture. À l'étage supérieur, diplomatie oblige, il danse le slow-à-pelle sans pogner le cul de sa cavalière : normal, il fait carrière.

Je lui sais gré de ses recommandations mais je ne vais quand même pas abandonner si près du but. Oui, je n'ai pas affaire à des enfants de chœur, mais pourquoi s'inquiéter quand leur thuriféraire encense ma démarche ? N'a-t-il pas convoqué le big boss, mis à ma disposition les musiciens du palais et refilé son numéro perso ? Il sait très bien que je ne suis pas là pour foutre un boxon à la Barbet Schroeder et que je ne représente aucun danger pour la réputation de son field marshal… Bien au contraire. Ce qui explique sans doute son empressement à lui demander de venir m'auditionner aussi rapidement.

Poison Ivy ? On sait tous que n'importe qui dans ce foutu pays peut être à la solde du SRB. Ce qui m'intrigue le plus à son sujet, ce n'est pas le fait qu'elle soit venue me cuber dans ma chambre d'hôtel, mais son évidente proximité avec le Major et son animosité à mon égard. De toute façon, je ne pense pas qu'il faille attacher une grande importance à tout cela : tout est louftingue à Kampala.

Après nous être quittés en se donnant rendez-vous pour déjeuner de nouveau ensemble la semaine suivante, je passe à la réception. Elijah m'a laissé un message. Il ne viendra pas me chercher aujourd'hui mais demain matin à 10 heures. Ce n'est pas plus mal ; je vais profiter de ce délai pour préparer mon matériel. J'ai l'intention de l'emporter aux Cape Town Villas pour réaliser les démos d'enregistrement audio et vidéo.

Bien m'en a pris. Pas de problème avec l'audio : micros et magnéto fonctionnent à merveille. En revanche, la vidéo me joue des tours : ses accus sont nazes. S'ils sont HS, je devrai utiliser l'alimentation secteur et ne pourrai pas filmer en extérieur : c'est la poisse.

Il ne me reste plus qu'à les mettre à plat et tenter de les recharger au max ; une excellente occasion de tourner un trois cent soixante degrés – souvenir de Kampala et de ses environs.

Caméra en main, magnétoscope en bandoulière, je prends l'ascenseur jusqu'au dernier étage – celui qui est attribué exclusivement à la délégation soviétique – le traverse sur la pointe des pieds jusqu'aux escaliers qui mènent sur le toit de l'hôtel.

Du haut de sa terrasse la vue sur l'ancienne capitale du royaume des Bangandas est exceptionnelle. Patchwork omnicolore de constructions hétéroclites, elle s'éparpille d'est en ouest entre les collines verdoyantes au nord et les marais de papyrus au sud. J'ai là de quoi faire un joli travelling.

Hormis quelques façades, la ville que les urbanistes de Frederick Lugard[1] ont édifiée au centre de cette métropole précoloniale ne brille pas particulièrement par la beauté de son architecture. Mon objectif glisse sur les tuiles vernissées de son église anglicane, retrouve Kampala Road, balaie les devantures de ses boutiques, descend grand angle dans le prolongement de ses arcades, plonge dans le tintouin bariolé du marché d'Owino, se perd dans ses étals, survole le camaïeu de rouille des toits de la vieille ville jusqu'à la tour de l'horloge quand, soudain, je me rends compte que j'ai de la compagnie.

Sans faire le moindre bruit, quatre flambards en mode félin et costume Kaunda[2] se dirigent vers moi. Vu leurs tronches, ça n'a pas l'air d'être une visite de

1. Administrateur militaire, Frederick John Dealtry Lugard (1858-1945) assura la domination britannique en Ouganda. De retour en Angleterre, il convainquit le Premier ministre William Gladstone de renforcer la présence britannique en Ouganda.

2. Pantalons pattes d'eph, chemise à fleurs et lunettes noires : l'image de marque des agents du SRB.

courtoisie. Arrivés à ma hauteur, ils se resserrent, me balustrent, m'encadrent. Acculé contre le parapet, je n'en mène pas large.

— Que faites-vous ici ? me demande sèchement celui qui vient de retirer ses lunettes de soleil pour me poinçonner d'un regard hostile.

Je lui explique que je suis là pour m'assurer du bon fonctionnement d'une vidéo capricieuse et que j'ai décidé de joindre l'utile à l'agréable : la vue de Kampala est bien plus belle d'ici que du balcon de ma chambre.

— Vous êtes un filmeur ?

— Pas du tout, je suis musicien et j'ai encore besoin de me familiariser avec cet équipement qui me pose des tas de problèmes. Je tourne demain aux Cape Town Villas et je ne tiens pas à tomber en rade… Je ne voudrais pas décevoir le Major…

— Vous connaissez le Major ?

— Suffisamment pour qu'il me fasse l'honneur de me présenter à votre président… Ce sont ses musiciens que je filme demain…

Troublé par ma réponse, il se recule un peu pour mieux me rechasser : il me pèse. Je lui tends ma caméra et lui demande s'il veut l'essayer. Surpris, il hésite un instant avant de s'en saisir et de la porter à son épaule.

— Appuyez sur le bouton rouge, cadrez… le zoom est manuel…

Cinq minutes plus tard, l'Akai passe de mains en mains, l'atmosphère se détend. J'attends la fin de la récré pour leur demander si je peux terminer mes réglages.

— OK mais ne traînez pas… Et évitez à l'avenir de venir vous balader sur le toit…

Après avoir soigneusement réajusté leurs lunettes de soleil, ils se barrent. En les regardant s'éloigner je ne peux m'empêcher de repenser à l'histoire que m'a racontée Thomas : la boîte de nuit de l'International se trouvait sur cette terrasse avant que les agents du SRB ne se mettent à jouer aux videurs en balançant dans le vide ceux dont la gueule ne leur revenait pas. Le nombre de clubbeurs ayant fait le grand saut ne cessant d'augmenter, elle fut transférée au rez-de-chaussée de l'hôtel.

Sans être parano, je commence à me dire qu'il n'y a pas que la bilharziose que l'on risque de se choper en Ouganda quand on fait trempette là où il ne faut pas.

30

Eva n'est pas aussi ponctuelle que Darren, mais question room service je suis gâté. Qu'y a-t-il de plus agréable que de se réveiller au son d'un « *Good morning Mister John* » babillé par une jouvencelle qui me remet à neuf tous les matins ? Le timbre enfantin de sa voix m'ensoleille avant même qu'elle ne tire les rideaux. Guillerette, elle sourit de partout en me préparant mon petit-déjeuner sur le balcon puis, adossée à la table, toujours aussi sexy dans son uniforme de collégienne, attend sagement que je vienne m'y installer. C'est l'instant *Good Day Sunshine* : café, nymphette et kasese.

Je ne serais pas étonné d'apprendre qu'à l'instar du personnel de l'International, ma lolita soit une jeune recrue de « l'école hôtelière » des services de renseignement du Rat blanc. Pour autant, elle ne me pose jamais de questions. Au contraire, en me parlant de tout et de rien, c'est elle qui déballe. De confidences en confidences, elle me frise, me frôle, remplit ma tasse en se penchant si près que l'arôme du café se mélange un instant à l'odeur de sa peau. Vivifié par la sève d'une irrépressible virilité, il me faut résister à la tentation aussi soudaine qu'éphémère de m'égarer dans son intimité. C'est l'instant *Hard to Handle* : minou, minette et SRB.

Je court-jute à temps.

— Merci Eva…

— Bonne journée Mister John, à demain…

— C'est ça, à demain…

Une heure plus tard, douché, rasé, copieusement aspergé de *4711* (je suis le plus grand consommateur de cette eau de Cologne depuis Napoléon Ier), me voilà fin prêt pour une nouvelle virée aux Cape Town Villas. J'ai hâte de retrouver les musiciens et m'impatiente en attendant l'arrivée d'Elijah. Un dernier coup de peigne, dring dring, le voilà.

Je lui demande de monter dans ma chambre pour qu'il m'aide à transporter mon matériel.

Dix minutes plus tard, chargés comme des mulets, on débarque dans le hall sous le regard circonspect du personnel qui, à la vue de toutes ces valises, s'imagine peut-être que je me casse sans m'acquitter de ma note de séjour.

Nous n'avons pas franchi le seuil de l'hôtel qu'un majordome rapplique, échange quelques mots en swahili avec Elija puis, rassuré, hèle un groom qui s'empresse de charger nos bagages sur un caddie. Avant de prendre congé, il va jusqu'à me souhaiter une bonne journée dans un anglais qui se voudrait d'Eton : l'International est décidément à la hauteur de sa réputation !

L'idée d'effectuer un enregistrement audio plaît à Elijah : en revanche, il paraît réticent à l'idée d'une captation vidéo. Il ne pense pas que ce soit opportun, prétextant que cela va déconcentrer les musiciens et nous faire perdre du temps.

— Le Major est-il au courant ?

— De quoi ?

— Que tu vas filmer…

— Je lui en ai vaguement parlé… mais où est le problème ?

— On ne peut pas prendre de photos aux Cape Town Villas, c'est interdit… et toi tu voudrais filmer !

— Ne t'en fais pas, je passerai le voir en arrivant…

— Puis-je te demander une faveur ?

— Bien sûr.

— Ne nous filme pas aujourd'hui, s'il te plaît. Je ne veux pas avoir de problèmes…

Charles avait raison : Schroeder a vraiment foutu la merde avec son putain de film. Depuis que je suis ici, je n'ai vu personne avec une caméra, pas même ce quarteron de japs que j'ai croisé l'autre jour au marché d'Owino.

C'est l'instant parano : *paranoïa, the destroyer…*

31

Le Rat blanc est de bonne humeur ce matin. Il m'accueille chaleureusement et ne tarde pas à m'offrir un verre de son excellent Bruichladdich. Je ne sais que penser de cet étrange personnage. Soit c'est le roi des escobars, soit il m'a vraiment à la bonne. Je lui fais part de mes intentions ; il ne formule aucune objection et me propose même d'entreposer mon matériel dans un coin de son bureau pour m'éviter d'avoir à le trimballer chaque jour de mon hôtel aux Cape Town Villas. J'accepte bien volontiers cette offre inattendue et, levant mon verre, l'en remercie. Entrevoit-il une date pour l'enregistrement de Son Excellence ?

— J'allais justement vous en parler. Dans quelques jours, le président va donner une garden-party en l'honneur de la délégation soviétique qui nous quitte. Il m'a fait savoir qu'il envisageait de profiter de son séjour aux Cape Town Villas pour réaliser votre enregistrement. C'est tout ce que je peux vous dire pour le moment.

— Excellente nouvelle !

— Ceci reste entre nous, pas besoin d'en parler aux musiciens. Ils seront informés en temps voulu. Je vous reverrai d'ici là…

Je me sens pousser des ailes en quittant le bureau du Major où je viens de déposer tout mon barda. Je fonce à la répétition : le compte à rebours est enclenché.

Dans la salle de bal, le groupe est au travail. Bien calée sur le *beat* métronomique de la batterie, la basse fait vibrer les carreaux des fenêtres en contreboutant la ligne mélodique de mon *Little Drummer Boy* qui se faufile entre les répons au phrasé exotique des guitares électriques et les riffs étincelants de la section des cuivres. Magnifique, Salomé-Susie danse son « parapapampam » avec les choristes, tout baigne, je suis aux anges : « *Oh Uganda, land of Beauty* »…

L'octet enchaîne avec les pièces de son répertoire qui compléteront l'album. Ça commence à avoir de la gueule. Il ne manque plus que le Gros pour que je puisse enfin tirer la queue du Mickey : tourne manège !

La répétition terminée, les chopes d'urwagwa[1] moussent dans la bonne humeur. La conversation va bon train.

Je complimente les musiciens pour leur interprétation de la pièce maîtresse de notre programme. Ils ne cachent pas leur joie quand, faisant fi des recommandations du Major, je leur annonce que le jour de l'enregistrement est proche.

1. Bière de banane ougandaise.

Je suis quand même un peu inquiet. La mélodie de *Little Drummer Boy* est d'une confondante simplicité, mais Amin sera-t-il à la hauteur ? Je ne l'ai jamais entendu jouer. Elijah me rassure :

— *Don't worry.* Notre transcription ne lui posera aucun problème

— Tu en es sûr ?

— Certain…

Une seule inquiétude : mon intention de filmer la session d'enregistrement. J'ai beau lui répéter que le Major n'y voit aucun inconvénient, il en remet une couche. Pourquoi essaie-t-il de m'en dissuader ?

Susie m'arrache à mes interrogations en me proposant une balade sur les bords du lac. Au détour d'un sentier nous tombons nez à nez avec Poison Ivy en grande discussion avec un homme corpulent revêtu d'une combinaison de travail blanche aux couleurs d'Esso. Elle nous flingue de ses yeux noirs avant de faire rapidement demi-tour.

La main de Susie se crispe dans la mienne. Elle est pétrifiée.

— Ô mon Dieu !

— Qu'est-ce que tu as ?

— C'était Mister Frank…

— Et alors ! Qui est-ce ?

Susie appuie son index sur mes lèvres :

— Ne me pose pas de question…

Puis, les effleurant d'un baiser, elle me prend par la taille :

— Ne restons pas ici, viens, rentrons…

J'ignorais encore que ce transfuge de la CIA n'était autre que Frank Turple, un trafiquant d'armes international recherché par Interpol. Cet homme très dangereux entretenait des liens étroits avec le SRB.

32

L'International est en pleine effervescence. La réception est kaki, le bar en tenue léopard. Casquettes, képis, calots, bérets, épaulettes et fourragères se pressent au zinc et se bousculent au comptoir. Toutes les tables de la terrasse sont occupées par des officiers qui miroitent aux alouettes dans leurs uniformes d'apparat. À l'ombre des parasols, les russkofs, accompagnés de leurs inséparables moitiés pomponnées *fifties*, s'entretiennent avec des membres de l'oligarchie ougandaise. J'essaie de repérer June et Sâmi au milieu de cette camarilla endimanchée. Nous nous étions donné rendez-vous pour prendre l'apéro mais, vu le binz qui règne aux abords de la piscine, c'est râpé ! De retour dans le lobby, j'aperçois la tête blonde de ma Californienne appuyée contre un pilier. Une déferlante de troufions envahit le hall de l'hôtel. Il faut gueuler dans ce tohu-bohu pour se faire entendre :

— *Oli otya*[1] *my dear ?*

---

1. Comment vas-tu ?

— Hello Jean-Yves, et toi comment vas-tu ?

— Comme une sardine, t'as vu ce souk !

— Viens, allons prendre l'air…

— Où est Sâmi ?

— Il est là-dedans avec les officiers de son détachement, tous les instructeurs de l'armée ougandaise sont de la fête…

— Quelle fête ?

— L'expulsion des Asiatiques et des colons anglais par Big Daddy… Tiens, regarde…

À l'entrée de l'hôtel, collé sur une embase de contreplaqué en équilibre précaire sur un chevalet bancroche, un grand poster à la Dubout illustre ses propos : une armoire à glace en tenue de combat, chaussée d'énormes rangers, « le conquérant de l'Empire britannique en Afrique » botte le cul d'un Blanc nanisé qu'il envoie tutoyer les étoiles.

Nous trouvons refuge à l'arrière de l'hôtel. Une buvette en planches y a été dressée. Nous allons nous asseoir sur l'un de ses bancs.

— *Long time no see my friend...*

— Ne m'en parle pas, entre les écoles de brousse et les dispensaires, je n'arrête pas…

— Et toi, où en es-tu ?

Sans rentrer dans les détails, je lui fais le récit de mes dernières aventures. Contrairement à Charles ou à François, elle partage mon enthousiasme :

— *Too much !* C'est incroyable ! Et quand vas-tu enregistrer ?

— Très bientôt, après la fête qu'Amin va donner pour le départ des coopérants soviétiques…

— Ils s'en vont ?

— Oui.

— Sûr ?

— C'est ce que m'a dit le Rat blanc…

Une bande de soldats déboule à la buvette. Ils y déchargent des brassées de bouteilles de bière et s'entassent sur les bancs. Nous sommes poussés en bout de table. Des commentaires dont le sens nous échappe mais dont le ton est sans équivoque fusent dans notre direction.

— June, je ne pense pas qu'ils veuillent nous offrir l'apéro…

— Foutons le camp…

Trop tard. Un sous-off impose silence pour porter un toast à la gloire d'un Ouganda *über alles* avant de se lancer dans une logorrhée anticolonialiste au pili-pili. Au fil de son réquisitoire, piqué par je ne sais quel frelon, il prend le mors aux dents, s'emballe, s'encolère, peste, fulmine, menace : le ton monte, les regards se durcissent, l'auditoire s'échauffe.

De plus en plus à l'étroit sur le banc des accusés, je cherche le bouton du siège éjectable : *got it !* À peine a-t-il fini son discours que je me lève pour applaudir notre orateur. June pige illico, décalque, surenchérit d'une série de bravos. Prenant l'audience de vitesse, nous profitons de l'effet de surprise pour nous éclipser. On se retire la tête haute en encourageant la soldatesque médusée à se joindre à nos applaudissements.

— *Well done Froggy*… C'était chaud…

— Un verre de rye sur mon balcon, ça te dit ?

— Avec plaisir…

33

June m'a laissé un petit cadeau. Je m'assure qu'aucune femme de chambre ne traîne à l'étage et que personne ne prend l'air aux balcons qui jouxtent le mien, puis referme soigneusement la porte-fenêtre de ma chambre. L'odeur du kif m'auréole à la première bouffée. Je tire sur le pétard en avalant de grandes goulées d'une fumée âcre qui me pique la gorge et me charbonne les poumons avant de m'exploser la tronche. En bonne Californienne, mon Hollywoodienne du Peace Corps ne plaisante pas avec la came. Cette herbe africaine n'a rien à envier à sa cousine jamaïcaine ou à la meilleure des sinsemillas sud-américaines : je monte en chandelle !

Quelle heure est-il ?

La sonnerie du téléphone me tire d'une longue sieste thébaïque. Je tâtonne à la recherche du combiné : François m'attend à la réception.

Je me suis pris un tel coup de bambou avec cette ganja que j'ai totalement oublié que je devais dîner chez lui ce soir. Pas le temps de prendre une douche : je me débarbouille à la *4711* et me débourbe au waragi.

En un temps record, je passe une chemise, change de froc, chausse mes loafers, enfile ma veste et descends le rejoindre.

— Salut François, désolé…

— Pas de problème, comment vas-tu ?

— J'atterris…

— Tu atterris ?

— Je t'expliquerai… Tu prends un verre ?

— Non, allons-y, mon cordon-bleu nous attend…

La petite Fiat se faufile dans le trafic, quitte le bitume de Nile Avenue pour s'engager sur un étroit ruban de terre battue qui, rongé par la mousson, grimpe abruptement à l'assaut de la colline.

De cassis en dos-d'âne, François louvoie entre les nids-de-poule et les ornières. Je lui raconte mon trip.

— Tu n'aurais pas dû en crapoter autant… l'ougandaise c'est de la frappe… Elle est terrible !

— T'en as fumé ?

— Qu'est-ce que tu crois ?… C'est interdit, mais tout le monde pipaille ici…

— J'ai encore de quoi rouler un joint.

— Pourquoi pas, on verra ça plus tard.

— Non, c'est pour toi, moi j'ai eu ma dose, j'étais aussi raide qu'avec une boulette de népalais dans le cul…

— Une boulette de quoi ?

— De népalais, d'opium ou de tout ce que tu veux bien te foutre dans l'fion… Tu ne connais pas ce coup-là ?

— Qu'est-ce que c'est que ces conneries ?

— Le suppo des bienheureux, l'Orient-Express de la défonce, la mélodie en sous-sol du hachischin…

— Arrête ton délire…

— C'est pas des conneries, tu devrais essayer…

François coupe le contact dans l'allée d'une petite maison en briques badigeonnée de chaux lactée. Coquette, sous un toit de tuiles orangées, elle se motte au milieu d'imposants massifs de fleurs. Sympa comme tout, la caponnière de mon factotum de luxe.

Sophie nous accueille dans le coin salon de l'unique pièce de réception. Le couvert est dressé sur une table ronde nappée de blanc. Elle nous propose de prendre l'apéritif avant de disparaître dans la cuisine. Alléché par le fumet d'une cuistance qui sent bon la France, j'ai hâte de passer à table. Deux Martini plus tard, un coq au vin me confirmera que mon odorat ne m'a pas trompé : Sophie est bel et bien un maître-queux. François pour sa part n'a pas lésiné sur la boisson : le sommelier de l'ambassade est un de ses amis.

Des coteaux de Condrieu à Châteauneuf-du-Pape, en bons franchouillards, nous avons refait le monde (celui de la musique), en descendant la vallée du Rhône jusqu'au dessert. Un puy de bananes flambées au waragi nous ramène à Kampala. François m'invite à prendre le digestif au salon :

— Courvoisier ?

— Vive l'Empereur !

— J'ai quelque chose pour toi…

Il me tend une feuille de papier pliée en quatre, je l'ouvre : c'est un plan.

— Regarde : nous, nous sommes ici ; ce trait rouge nous conduit directement à la résidence de l'ambassadeur dans ce cercle, là. Ce trait bleu est un petit raidillon qui croise la rue dans ce tournant à gauche en sortant de la maison, tu ne peux pas le rater. Il descend tout droit du haut de la colline jusqu'à Kampala Road en passant par le parc de l'International. En marchant bien, tu n'es qu'à dix minutes de ton hôtel…

— Pourquoi me refiles-tu ce crobard ?

— Depuis « l'affaire Schroeder », le personnel de l'ambassade a reçu un plan d'évacuation ; je t'en ai fait une copie, tu pourrais en avoir besoin…

— Très sympa de ta part, mais je ne le pense pas…

— Prends-le. On ne sait jamais…

— OK… Très bien, je vais même m'en servir pour rentrer : je suis pompon, j'ai besoin de prendre l'air…

— Mais il fait nuit !

— Et alors… Tu m'as dit que c'était tout droit…

34

Sous la lumière jaunâtre des loupiotes qui balisent la route plus qu'elles ne l'éclairent, j'arrive au raidillon. Ce chemin de traverse est beaucoup plus large que ne le laissait supposer le trait bleu de François. Pas besoin d'être nyctalope pour en suivre le tracé que brillantine une lune généreuse. Je m'efforce de conserver un équilibre précaire en dévalant ce sentier abrupt et rocailleux – chemin de croix dans les vignes du Seigneur.

Sous mes pas, le sol défile de plus en plus rapidement : pierraille ! gravillons ! terre battue ! Poussé au cul par le vendangerot de syrah que je me trimballe, je bute, culbute, m'étale. Face-flanc-postère, ça débaroule, râpe et cabosse.

Je me ramasse quelque part à flanc de colline, entre étoiles et buissons. Sonné, à quatre pattes, je me cherche, me récupère, reprends mes esprits. Hormis quelques égratignures sur le museau, accrocs et écorchures aux coudes et aux genoux, pas de casse.

Je flageole une verticale, corrige, compense, me stabilise et demande à la lune si Foucault était bourré quand il a inventé le gyroscope : elle se marre…

J'arrive enfin à l'International, côté club, au dos du bâtiment. Le lumignon d'une sortie de secours tremblote dans la nuit. La porte n'est pas verrouillée ; j'entre. Dans l'obscurité, je me petit-poucette de veilleuse en veilleuse le long d'un corridor cloisonné de panneaux de verre. À la recherche de la réception, je pénètre dans cet aquarium qui baigne dans le clair-obscur d'une lumière tamisée : oh putain – un boa ! À portée de crochets, enroulé à la branche d'un arbre, la gueule grande ouverte, le reptile me fixe, prêt à se projeter sur moi. Ne pas bouger, surtout ne pas bouger ! Mon palpitant bat la chamade. Dans ce face-à-face à l'issue incertaine, mes yeux s'habituent à la pénombre. Un lion s'approche, m'observe, attend : je suis foutu ! Personne ne bouge. Un zèbre immobile se profile sur un fond de savane où se balade un troupeau d'éléphants et là, badaboum, je percute : quel con ! J'éclate d'un fou rire libérateur au milieu des animaux empaillés de la vitrine-safari de l'hôtel. J'ignorais l'existence de cette pinacothèque touristico-zoologique que je viens de découvrir au prix d'une pétoche monumentale. C'est maintenant chose faite : en avant !

J'abandonne la ménagerie pour emprunter une enfilade de couloirs. Ce chemin de Jérusalem débouche enfin dans le hall déserté de l'International. Il est 2 heures du mat', j'en ai ma claque : *good night everybody*...

35

Eva ne m'a pas réveillé ce matin. Elle a laissé mon petit-déjeuner sur la table et son parfum dans l'air. Mon front est chaud, le café froid, ma gueule de bois carabinée. Retour à la méthode Bukonzo et kasese. L'acidité pétillante à l'arrière-goût de chocolat de ce café banané au kasese me sort le train d'atterrissage à la première goulée. La bouillante y passe !

Un grand bain viendra à bout de mes courbatures. Un Mister Frog totalement requinqué saute de la baignoire. Elijah et Susie ne vont pas tarder. J'ai juste le temps d'aller prendre une bière bien fraîche au bar de l'hôtel. Susie vient m'y récupérer.

Ma panthère noire (surnom qu'elle affectionne) me trouble chaque jour davantage. Le simple fait de nous retrouver, d'être ensemble, de partager nos silences lors de nos escapades sur les rives du lac me procure un ineffable ravissement sans que jamais cette mèche qui brûle entre nous s'enflamme. En d'autres lieux, en d'autres circonstances, peut-être bien que…

Arrivé aux Cape Town Villas, je n'ai pas fait deux pas dans le palais qu'un garde vient me cueillir pour m'escorter chez le Major. Plongé dans un dossier, Astles relève la tête pour me grimacer un «*Just a minute please*» en m'invitant de la pointe de son stylo à prendre place. Il note, annote, griffonne, avant d'aplatir le classeur sur son bureau.

— *Good morning sir.*

— *Good morning*, comment allez-vous ce matin ?

Je détecte comme une pointe d'humour dans sa voix.

— Très bien, je vous remercie, et vous-même ?

— Excellent, belle journée n'est-ce pas…

Il ne m'a pas convoqué pour me parler de la pluie et du beau temps, mais sous ses airs affables d'administrateur des colonies, le Rat blanc aime à jouer au chat et à la souris. Il prend un malin plaisir à entretenir le suspense avant de lâcher le morceau.

Il regarde au plafond ; je regarde mes pompes. Il croise les jambes ; je décroise les miennes. Il me zieute insondable ; je le merlan-frite. On se tire la barbichette, sauf qu'avec ce mec-là on n'a pas envie de rigoler.

Il se lève, va ouvrir la fenêtre et reste là, les mains dans le dos, à contempler le ciel bleu.

Il ignore que je suis rompu à ce genre d'exercice. J'ai été à bonne école avec Albert Grossman. Lui aussi avait le don de vous déstabiliser. Lors d'une négociation, il m'avait laissé discuter les termes du contrat avant d'enlever ses boules Quiès et de me dicter ses conditions. Le Major ferme la fenêtre, retourne à son bureau. Nous y sommes :

— La garden-party que le président va donner en l'honneur de la délégation soviétique aura lieu demain.

Vous y êtes invité. J'enverrai un chauffeur vous prendre à votre hôtel en début d'après-midi.

— Très bien.

— Vous enregistrerez Son Excellence au lendemain de la fête, très certainement dans la matinée. À ce propos, où en êtes-vous avec les musiciens ?

— Nous sommes fin prêts. Voulez-vous assister à la répétition ?

— Non, ce n'est pas mon affaire. Juste un petit conseil : ne ménagez pas cette bande de fainéants… Bonne journée. À demain. Et n'oubliez pas de passer une cravate.

Mal luné et radin, l'Écossais, ce matin : *no Bruichladdich today !*

Elijah, qui m'attendait discrètement dans le hall, se presse à ma rencontre :

— Alors ?

— Tu ne vas pas le croire, on enregistre après la fête qui aura lieu demain, tu étais au courant ?

— Pour la fête bien sûr, nous sommes les musiciens du palais. Mais pas pour l'enregistrement… Tu es vraiment invité ? Comment as-tu fait ?

— Je n'ai rien fait du tout. Ne perdons pas de temps, allons-y…

Dans la salle de bal, les musiciens se chauffent sur le riff d'un kadongo. Ils sont en place, au taquet. J'attendrai la fin de la répétition pour les mettre au parfum. Je me contente de les saluer d'un petit geste de la main. Elijah les rejoint sur scène :

— Deux, trois, quatre : petit tambour parapapampam…

Caisse claire et tom-tom vibrent en cadence, les pupitres fusionnent ; c'est carré, bien orchestré : ça pulse. Musicalement au-dessus du lot, Alan, impressionnant de virtuosité, endimanche la mélodie qu'Elijah a réduite à sa plus simple expression. Je suis rassuré : même si le Gros ne fait pas la maille, la sauce fera passer le poisson.

Ce guitariste est un curieux personnage. Soliste du groupe, il joue toujours en retrait, parle peu, sourit tristement, porte sa souffrance en silence. Il a attiré mon attention dès notre première rencontre, plus encore par l'asthénie de son regard que par cette patte folle qui se dérobe à chacun de ses pas. Quand j'avais demandé à Elijah ce qu'il lui était arrivé, il ne m'avait pas répondu. Lors d'une de nos balades au bord du lac, Susie m'avait révélé qu'Alan avait eu maille à partir avec le SRB pendant ses études à l'université de Makerere. Pour elle, il est le véritable leader du groupe. Elijah n'est chef d'orchestre que grâce à sa femme, l'une des masseuses favorites d'Amin.

Quoi qu'il en soit, ils m'ont pondu un Top Ten d'*Enfant au tambour* ; c'est tout ce qui m'importe. Le reste du programme, un medley à la Fela Ransome Kuti[1], me permettra de presser un 33 tours funky en diable : Horvath en aura pour son argent.

En apprenant que l'enregistrement aura lieu après-demain, dans l'enthousiasme général, les musiciens

1. Chanteur, saxophoniste, chef d'orchestre et homme politique nigérian, il est considéré comme le créateur de l'afro-beat. Il fut assassiné en 1997 à Lagos.

décapsulent Pilsner, White Cap, Eagle et Castle Redd's, bières de luxe réservées aux sphères présidentielles. Les bouteilles s'entrechoquent gaiement autour de la table. En un rien de temps, on en a siphonné le stock.

Je les salue et m'éclipse : Elijah m'attend.

36

Passé Entebbe, le ciel s'assombrit. De vilains nuages noirs coiffent les collines, bâchent la savane, brouillent l'horizon. De lourdes gouttes de pluie s'écrasent sur le pare-brise poussiéreux de la Toyota que les balais d'essuie-glaces transforment instantanément en un éventail de glaise jaunâtre. Puis soudain le déluge. Des rafales d'éclairs suivies de retentissants coups de tonnerre déchirent le ciel et nos tympans. Des trombes d'eau s'abattent sur la chaussée, la flotte déborde des canalisations, la circulation devient impossible, on n'y voit plus rien, la marée monte : *acqua alta* à Kampala !

Nous nous arrêtons sur le bord de la route. Dans la lumière des phares, fourmis désorientées, des silhouettes sombres et incertaines courent dans tous les sens pour se mettre à l'abri.

— Nous voilà bien, quel bordel !

— Ne t'inquiète pas, ça ne dure jamais longtemps. Dans dix minutes, c'est fini…

— Je ne demande qu'à te croire…

Il a raison. Après une ultime bourrasque, la pluie s'arrête d'un coup, aussi soudainement qu'elle nous était tombée dessus. En un rien de temps, le ciel se déplombe. Emporté par les vents, l'orage s'éloigne. Les derniers nuages se dissipent dans le bleu délavé d'un ciel essoré par la mousson. Nous reprenons la route. Kampala s'ébroue et se sèche sous les rayons obliques du soleil couchant.

Elijah me dépose sur le parking inondé de l'International. Je flic-floque entre les flaques pour regagner l'hôtel, monte directement dans ma chambre, change de pompes et de futal et redescends au bar. Escargots après la pluie, tous les paroissiens sont de sortie à la sacro-sainte heure de l'apéro. Même les Soviets sont descendus se rincer la coquille, ils arrosent leur prochain départ. Thomas, accoudé à l'autre bout du comptoir, me fait signe de le rejoindre.

— Tu tombes bien, je te cherchais, qu'est-ce que tu prends ?

— Double scotch…

— *Cheers*…

— Santé…

Mon représentant anglais en matériel agricole ne me semble pas au mieux de sa forme :

— Tu as vu June dernièrement ?

— Non, elle est en brousse…

— Et Sâmi ?

— Non plus… Tu me cherchais ?

— Oui, je voulais te voir avant de partir.

— Tu te casses ?

— Dès demain. Tu ferais bien d'en faire autant…

— Où vas-tu ?

— Nairobi.

Thomas me confie qu'il a pris ses dispositions pour quitter l'Ouganda par la route afin d'éviter les contrôles des agents du SRB à l'aéroport d'Entebbe. Il me propose de partir avec lui. Je refuse. Il insiste. Malgré ses sous-entendus alarmistes, il n'en est pas question : il est bien gentil mais il me l'a déjà fait, le coup du « *bad feeling* », alors c'est non. À deux jours de ma séance d'enregistrement avec Amin, il ne pense quand même pas que je vais mettre les voiles. Une deuxième tournée en guise de *farewell*, une franche poignée de main accompagnée d'un sincère « *Good luck to you my friend* » et le voilà parti faire ses adieux à sa choriste qui vient de s'installer discrètement à une table au bord de la piscine. *Last sonkona in Kampala, so long Tommy...*

37

Un rêve seccotine me colle les paupières pour que je ne lui échappe pas au lever du jour. Il retient la nuit dans cette gorge profonde où je me suis perdu en remontant le lit vif-argent d'une rivière bordée d'arbres gigantesques. Suspendues à leurs branches phosphorescentes, des grappes de chauves-souris aux têtes lucifériennes se déchiffonnent en grinçant. Elles s'en détachent, se déploient, tourbillonnent et, du haut d'un ciel crépusculaire, des escadrilles de stukas-draculas me plongent dessus.

Une de ces bestioles s'est prise dans mes cheveux, elle gazouille… J'ouvre les yeux.

Eva me caresse gentiment la tête :

— Ça ne va pas, Mister John ?

— J'ai fait un mauvais rêve…

— Mais c'est de moi qu'il faut rêver…

Elle éclate de rire, reprend son plateau et, ondulante, va préparer mon petit-déjeuner sur la terrasse. Je ne sais pas ce qui me retient… Je me contenterai du remake équatorial de la tentation de saint Antoine, scénographié par le SRB et interprété par une jouvencelle passée maîtresse dans l'art du « *teasing breakfast* ». Dans le rôle de l'ingénue libertine, Eva, que je soupçonne maintenant d'être en service commandé, est parfaite.

Tout en me dérouillant au Bukonzo, j'ensile son numéro. Bientôt mon enjôleuse ne sera plus qu'un souvenir, *pink panty and poisoned doll*, l'évocation d'un lointain peep-show. Dans moins d'une semaine, je boucle mes valises : salut la compagnie…

Douché, rasé de près, lotionné à l'Old Spice et saucé à la *4711*, je me sape pour la garden-party. Une fois passée ma chemise, je m'aperçois que je n'ai pas de cravate. Merde, où vais-je trouver une régate un dimanche matin à Kampala ?

— Allô… François ? Jean-Yves…

— Salut, comment vas-tu ?

— Très bien, mais j'ai un petit problème… T'aurais pas une cravate pour moi ?

— Une cravate ?

— Je suis invité à une cérémonie officielle aux Cape Town cet aprèm, tenue de pingouin de rigueur, tu vois ce que je veux dire…

— J'ai compris… Une Talbott, ça te va ?

— Le must de la coulante américaine ! Je n'en demandais pas tant. Tu passes prendre l'apéro à l'International ?

— D'accord… à toute…

J'ai horreur des cravates mais *L'Enfant au tambour* vaut bien une messe ! Il n'y a pas grand monde autour de la piscine, les Wasps et la gentry sont à l'office dominical. François est tristounet : Sophie repart dans quelques jours. Il en a sa claque de l'ambassade et de « la Perle de l'Afrique ». Il décline une deuxième tournée et me tend un bel étui cartonné avant de prendre congé :

— Elle t'ira très bien.

— Merci François.

J'en bave avec le nœud de cette lieuse qui dans le miroir de la salle de bains me madeleine au temps de ma filoche à ruban élastique et des cols jaunis des liquettes en nylon d'après-guerre.

Quinze heures. Costume Kaunda, chemise à fleurs, chaussures à plateforme, sans oublier l'incontournable paire de lunettes catadioptres *made in Kitschland*, je n'ai pas de mal à reconnaître mon chauffeur, une vieille connaissance : le virtuose du démarrage en trombe. Il m'attend en baratinant la cheftaine des hôtesses de la réception.

Dès qu'il m'aperçoit, il la plaque pour venir me grognonner un inamical « *Good afternoon* » suivi d'un tout aussi déplaisant « *Follow me please* ». Toujours aussi aimable, Mister Dragster…

38

Les Cape Town Villas sont en pleine effervescence. Des patrouilles de soldats vont et viennent le long des allées du parc, contrôlent et tamisent le flux des arrivants. Le bras tendu par la vitre baissée de sa portière, mon chauffeur les salue d'un petit geste de la main avant d'accélérer brutalement pour dépasser en surrégime la longue file de bagnoles qui s'autotamponnent jusqu'au perron de la résidence. Pare-chocs contre pare-chocs, elles y déposent leurs voiturées de convives sous l'œil indifférent des sentinelles gantées de blanc.

Arrivé à destination, je me fraie un chemin dans un écheveau de tuniques tie-dye[1] et de boubous farcis débordant de générosité. Sur la terrasse, Bob Astles, en maître de cérémonie, veille au grain, donne des ordres, distribue les rôles. Il accueille en ce moment les membres de la délégation soviétique à la tribune

1. Le tie-dye est un procédé de teinture qui consiste à nouer un vêtement avant de le plonger dans un ou plusieurs bains de teinture. On obtient ainsi un joli effet de couleurs.

présidentielle. Dans leurs invraisemblables toilettes Interflora, les poupées gigognes moscovites se casent sur leurs étagères.

Escorté par sa garde personnelle, le roi d'Écosse fait son apparition. Décontract, un foulard de soie bleu marine à pois blancs passé à la diable dans le col d'une saharienne à manches courtes, les mains dans les poches, il se dirige nonchalamment vers la tribune où, après leur avoir fait signe de se rasseoir, il s'installe parmi ses hôtes sans plus de formalité.

Presque aussitôt, par vagues successives, des groupes de danseurs traditionnels viennent se mettre en place au centre de la pelouse, au pied de la terrasse sur laquelle se presse maintenant le reste des invités. En dashikis[1] ou moitié nus, ceints de pagnes d'écorce battue, de paille tressée, de cuir ou de tissus wax, ils nous offrent un spectacle que je ne suis pas près d'oublier. Fasciné, j'hallucine.

Bethios[2] ajourés et plumes au vent, colliers de perles enroulés autour de la taille, pliées en deux, les seins ballants, d'incroyables danseuses se déhanchent en alternant des mouvements très rapides avec de lancinantes remontées de fesses interdites aux moins de 16 ans.

---

1. Le dashiki est une chemise ou tunique ample de couleur vive, originaire d'Afrique de l'Ouest.

2. Le bethio, dit « petit pagne », est un pagne court et affriolant, parfois ajouré, lié à la séduction et à l'érotisme. Il est généralement porté avec un ou plusieurs colliers de perles autour des hanches.

Dans des postures telluriques, l'attaque des pieds au sol fait tinter les grelots des chevilles ; au son des tam-tams, d'envoûtantes invocations surgissent des entrailles de la terre pour aller se noyer dans les eaux du lac. Insensiblement, une espèce de transe s'empare de l'assemblée. Battant des mains, les premiers rangs des spectateurs s'enfièvrent et se mettent à danser.

Il me faut absolument filmer cet incroyable *happening* : c'est l'instant Livingstone ! À la recherche du Major, je l'aperçois à l'entrée du restaurant. Détaché, imperturbable, les bras croisés sur la poitrine, il observe froidement cette bambochade tribale du haut de sa britannicité.

— Quelle fête !

— *Isn't it...*

— Me serait-il possible de filmer les danseurs ?

Il hésite un instant, regarde autour de lui, appelle un *boy* auquel il glisse de brèves instructions.

— À une condition : ne filmez pas la tribune officielle. Ne retournez jamais votre caméra dans cette direction. Compris ?

— Compris.

— Très bien. Otim va vous accompagner. Il vous assistera.

Dix minutes plus tard, flanqué de mon garde-chiourme-porteur-de-magnétoscope, je me lance dans la mêlée. La fête bat son plein. De partout, ça danse, court, saute, ballotte, gambille et carambole. J'en prends plein l'objectif : ici c'est une ronde ; là, les yeux mi-clos, une daronne grassouillette se trémousse devant une rangée de « marteaux-piqueuses » qui, soudées les unes aux autres, trépident en se frottant des reins. Un peu plus loin, la tête penchée sur le côté, une main fléchée vers le ciel et l'autre pointée vers la terre, une derviche tourneuse parafoudre je ne sais quelle divinité. Soudain, à grandes enjambées, un échassier vient se coller dans mon viseur. Froqué d'un pantalon à rayures jaunes et rouges passé sur une interminable paire de quilles, papillotant dans une veste bleue à la Noël Howard[1], la gueule plâtrée de blanc, ce « Sergent Pepper » postcolonial bat des épaulettes pour garder l'équilibre sur des échasses gigantesques. Une ribambelle de gamins s'éparpille à son approche en poussant des cris d'orfraie ; à chacune de ses embardées, ils détalent comme des lapins.

Après avoir exécuté une impressionnante série de figures acrobatiques, il me charge et commence à me balancer des coups de canne tout en m'invectivant du haut de son perchoir. Il ne me faut pas longtemps pour comprendre que cet énergumène ne plaisante pas et que je ferais mieux de me casser avant qu'il ne pète ma caméra.

Toujours suivi de mon porte-magnéto, je regagne les Villas où je m'empresse d'aller déposer mon matos dans le bureau du Major : j'ai soif.

Les groupes de danse traditionnelle ont abandonné la partie, la tribune présidentielle s'est vidée, les russkofs font bande à part, Amin a disparu.

---

1. Noël Howard est le concepteur des costumes des Beatles sur la couverture de l'album *Sergent Pepper*.

Je fais le plein à la buvette et descends à l'embarcadère écluser mon *six-pack* de Castle Redd's. Seul, isolé à l'extrémité de l'estacade, je m'assois, décapsule, allume un joint.

À la dernière bouffée et quatrième canette, je sombre dans les eaux du lac de la reine Victoria pour refaire surface dans les strophes de celui d'Alphonse :

« Ainsi toujours poussés vers de nouveaux rivages
Dans la nuit éternelle, emportés sans retour… »

Tout me revient : la blouse grise, les encriers de porcelaine, les porte-plume Sergent-Major, le jaune pisseux de la salle de classe, le tableau noir, la bavette de travers du frère mariste qui m'avait demandé de déclamer ces vers de Lamartine face aux sourires en coin de mes petits camarades. Remonte en moi l'émotion qui m'avait noué la gorge m'interdisant d'aller au-delà de ces deux premiers vers.

Au hasard d'un riff, il m'arrive encore d'avoir envie de chialer, mais de rage maintenant, lorsque je rock les SOS de mon enfance : *Hit the road, Frog, and don't you cry no more, no more...*

Tiré de mes rêveries par un bruit de pas sur le ponton, je me retourne : c'est Elijah.

— Où étais-tu Mister John ?

— Ici… bien loin d'ici…

— J'ai des nouvelles. J'ai vu ma femme, elle vient de masser le président…

— Et alors ?

— C'est à propos de l'enregistrement… Il se passe quelque chose… C'est pas très clair : ne t'en fais pas, ça va aller… mais c'est compliqué…

— C'est tout ce qu'elle t'a dit ?

— Oui, je voulais t'avertir.

— M'avertir de quoi ? Parle, nom de Dieu !

— Je n'en sais pas plus.

— Vraiment ?

— Je te le jure…

— Où est Susie ?

— Elle n'est pas là… Bon, il faut que j'y aille, les musiciens m'attendent…

Elijah me cache quelque chose. Qu'essaie-t-il de me faire comprendre ? Pressé, mal à l'aise, le regard fuyant, il tirait une sale gueule et ne jouait pas franc-jeu : je n'aime pas ça.

La nuit tombe, l'appel sinistre d'une grue royale ricoche à la surface du lac comme un mauvais présage. Je traîne encore un peu sur le wharf. Je descends mes deux dernières canettes coup sur coup, et, à court de carburant, lassé de jouer aux devinettes, je remonte à la fête.

Dans la salle de bal, les musiciens font danser le beau linge, le *vulgum pecus* a quitté les lieux. Exception faite des Soviets qui, entre deux vodkas, se risquent au sonkona et jerkent le kandongo, il n'y a plus un seul toubab sous les jeux de lumière de la boule disco.

Je n'ai qu'une seule envie : me casser au plus vite, rentrer à Kampala ! Malheureusement, je dois attendre qu'un DJ prenne la relève de l'orchestre pour qu'Elijah puisse me raccompagner à l'International.

Je harponne une bouteille de Jack Daniel's à l'abreuvoir et vais prendre mon mal en patience dans un des fauteuils en rotin alignés sur la terrasse déserte. Une heure plus tard, les quarante-cinq degrés de ce bon vieux n° 7 ont eu raison de mes inquiétudes… Mon tête à tête avec Gentleman Jack est interrompu par l'arrivée d'un estafier en chemise à fleurs. Je ne l'ai pas vu venir, celui-là.

— Veuillez me suivre, Mister, je suis chargé de vous reconduire à votre hôtel.

— Très bien, je vais prévenir Elijah…

— Ce n'est pas la peine, il nous attend.

39

Ce pékin me dit vaguement quelque chose… J'y suis, c'est le réceptionniste que j'ai bluffé le jour où je me suis introduit aux Cape Town Villas. Une gueule de bouledogue pareille, ça ne s'oublie pas.

Immobile à l'arrière d'une 504 diesel qui ronronne à l'entrée du palais, Elijah ouvre sa portière pour que je m'installe à ses côtés. À peine posé, je sais déjà que sa voiture est en panne, que ceci explique cela, et qu'il tient malgré tout à me raccompagner à l'International.

Tassé au milieu de la banquette par le gros cul du molosse qui s'est glissé à ma droite, le retour à Kampala ne va pas être très confortable ; peu m'importe, pourvu que je retrouve rapidement mon paddock. Les paupières de plus en plus lourdes, je commence à ressentir les premiers effets de l'anesthésiant vanillé du docteur Jack : je bascule…

Ballotté sur une piste que nous avons empruntée à la sortie d'Entebbe, certainement un raccourci, je suis tiré de ma somnolence par une cascade de secousses. Le moteur broute, hoquette et cale. Le chauffeur s'arrête, descend, ouvre le capot, baragouine je ne sais quoi au mec assis à l'avant qui bidouille la clé de contact, fouille dans la boîte à gants puis, muni d'une lampe électrique, va le rejoindre. Le bouledogue descend à son tour. Deux pannes en une soirée, c'est pour le moins étrange. Ce qui l'est encore plus, c'est qu'aucun d'entre eux ne s'est penché sur le moteur avant d'en refermer le capot. Dans le faisceau des phares qui sont restés allumés, à une dizaine de mètres de la bagnole, le long du fossé, les trois arlequins du SRB gesticulent maintenant dans une pantomime qui ne me dit rien qui vaille. Paumé en pleine cambrousse, je commence à baliser, d'autant plus que sous la lumière jaunâtre du plafonnier je m'aperçois qu'Elijah, blotti contre la portière, tassé sur son siège, chie dans son froc.

Venues du fond de la pétoche, j'entends des voix : « Barre-toi, détale, casse-toi… » C'est râpé, ils rappliquent. Sans mot dire, ils reprennent leurs places, claquent les portières et on repart au quart de tour. Qu'avaient-ils en tête avec ce numéro foireux de la panne bidon ? Je ne veux pas le savoir, tout ce qui m'importe en ce moment c'est d'arriver sans emmerde à mon hôtel et de me débarrasser de ces butors. Le reste du voyage me semble interminable, la tension qui règne dans cette bagnole est insupportable. Personne ne moufte. Terminus : tout le monde descend.

J'ai tellement hâte de leur fausser compagnie que je ne remarque même pas qu'ils m'ont suivi dans le hall. C'est seulement lorsque je me retourne en prenant l'ascenseur que j'aperçois la tête d'Elijah qui dépasse du pilier derrière lequel il se planque. Mon ange gardien sonne le tocsin. Trop tard ! Violemment projeté à l'intérieur de la cabine, je perds l'équilibre, me rattrape, pivote et, instinctivement, balance mon poing dans la poire du connard qui vient de m'éperonner : Bouledogue ! Il réplique aussitôt. C'est rapide, précis, vicelard, douloureux, efficace. Je ne fais pas le poids. Son comparse se jette sur moi, m'immobilise en me tordant un bras dans le dos pendant que le chauffeur me fait les fouilles, trouve la clé de ma chambre et appuie sur le bouton de l'ascenseur. Les portes se referment et celui qui me déboîtait l'épaule relâche enfin sa prise ; je douille sévère de l'omoplate. Une fois dans ma piaule, ils claquent la lourde, et se livrent séance tenante à une perquisition en règle.

Bouledogue ouvre enfin sa gueule :

— Où est ta valise ?

— Elle est là.

— Pas celle-là, l'autre…

— Je n'ai que celle-là…

— Tu mens !

— Non !

— Ferme-la ! Tu ferais mieux de tout nous dire maintenant…

— Dire quoi ?

— Ne joue pas au plus malin, *cracker*[1], tu risques de le regretter…

— Que me voulez-vous ?

— Tu vas le savoir bientôt !

1. Terme péjoratif pour l'homme blanc.

Après avoir vidé les tiroirs, retourné les matelas, balayé les étagères, fouillé jusque dans le frigo, ils entassent pêle-mêle une partie de leur butin dans ma Samsonite. Leur razzia terminée, ils m'embarquent. Bouledogue ouvre la marche ; il porte ma valise tandis que les deux autres me maîtrisent en me tenant fermement par les bras. Inutile de résister.

40

Au coup de klaxon, deux sentinelles sortent de leurs guérites et s'empressent de pousser les battants d'un imposant portail qui s'ouvre sur une grande cour entourée de hauts murs d'enceinte. La 504 s'immobilise devant l'entrée d'un bâtiment faiblement éclairée par le halo d'une lanterne.

Nous venons d'en franchir le seuil quand un démon halluciné, ses fringues maculées de sang, un marteau à la main, émerge du sous-sol. Je suis tétanisé par cette apparition aussi soudaine que dantesque. Il titube dans ma direction. Dans ses yeux rouges, exorbités, danse le diable. Mes trois cerbères s'interposent aussitôt et le repoussent *manu militari* vers la rampe d'escalier.

Ils me conduisent alors jusqu'au bureau d'un officier, lequel (je l'apprendrai plus tard) n'est autre que le chef du SRB, le redoutable colonel Francis Itabuka.

Il ne me pose qu'une seule question : « Que faites-vous en Ouganda ? », et d'ajouter avant que je ne lui réponde qu'il va me donner le temps d'y réfléchir.

Agrafé par deux gorilles, les couilles coincées contre le rebord de son bureau, je ne peux détacher mon regard de la serpette dégueulasse qu'il vient de sortir de son tiroir et qu'il caresse du bout des doigts en me mimant comment il va s'y prendre pour me les couper si je refuse de lui dire la vérité. Les autres cons, ça les fait marrer. Après s'être assuré que j'avais bien reçu le message, le colonel range sa serpette et met un terme à notre entretien. Ses roussins me libèrent et m'entraînent dans un couloir étroit, sombre et nauséabond au bout duquel ils me jettent dans un mitard.

L'odeur d'urine rancie me prend si fort à la gorge que je me précipite à la lucarne. À grandes goulées d'air frais, c'est seulement à ce moment-là que je dégivre. Tout s'est passé si vite. Décuité express mais encore incapable de rassembler mes idées, je décroche en me laissant glisser le long du mur. Ramassé sur moi-même, je relève lentement la tête : quatre murs de crasse éclairés par une ampoule dénudée, un matelas souillé d'immondices posé à même le sol, une table en bois et une chaise dépaillée : voilà de quoi me les remettre en place.

Ne pouvant m'allonger sur cette paillasse infecte, ma veste roulée en guise d'oreiller je me couche en chien de fusil sous la lucarne et, *knocked-out*, m'endors sur-le-champ.

41

Le dos en compote, les flancs endoloris, je frissonne dans un demi-sommeil, cligne des yeux : le jour se lève, je n'ai pas rêvé. Je rembobine, me repasse la pelloche, de la fin de la fête aux Cape Town Villas jusqu'aux dernières images de cette descente aux enfers où, d'un coup de serpette, cet officier du SRB a crevé la peau du tambour de mon *Little Drummer Boy*.

Une agitation soudaine s'empare du camp. Intrigué, je glisse ma tête entre les barreaux. Dans la cour, à gauche, une rangée de Peugeot 504 alignées en épis vrombissent de tous leurs moteurs ; à droite, deux vieux Bedford de l'armée britannique viennent se ranger le long du mur. À peine débâchés, ils sont passés au jet. Une eau rougeâtre dégouline de leurs plates-formes : ce ne sont pas les noces de Cana.

Un va-et-vient continu transforme la cour en un carrousel de berlines, 4 × 4, pick-up et camions. Un Land Rover s'immobilise devant la lucarne de ma cellule. Deux Kaundas en descendent, déverrouillent la porte arrière et se saisissent d'une jeune femme qui se débat en hurlant. Un soldat vient leur prêter main-forte.

Enceinte jusqu'aux dents, son gros ventre en avant, accrochée aux montants de la portière, elle se raidit dans une ultime tentative de résistance avant d'être violemment projetée au sol. À genoux, les mains jointes, elle les implore ; ils lui crachent au visage, la talochent, la renversent, l'étalent.

Le plus baraqué de ces salopards la relève en la tirant par les cheveux, l'arc-boute en lui plantant son genou dans les reins tandis que les deux autres lui assènent à tour de rôle de terribles coups de pied dans le bas-ventre, ils l'éclatent… Un cri inhumain – celui qui, depuis quarante-cinq ans, jaillit encore de ses entrailles pour venir me réveiller en sursaut – déchire ce cauchemar.

Une réaction physique d'une extrême violence s'empare de tout mon corps. Pris de tremblements incontrôlables, je deviens fou : « Stop ! Stop ! Stop ! arrêtez ! »

Avec toute la force du désespoir de mes premiers cris d'épouvante, je les maudis. Le nabot de la meute se retourne, me repère, vient droit sur ma lucarne, y colle sa hure de tortionnaire : « Ferme ta gueule, *Whity*[1], t'inquiète on va venir s'occuper de toi… » D'un revers de haine, je lui renvoie ses insultes à la gueule avant qu'il ne retourne à sa sinistre besogne.

Ils frappent encore, et encore, et encore… Ils s'acharnent sur ce corps martyrisé qui n'est plus que soubresauts et gémissements. Alors, d'un coup sec, le

1. Tout comme *cracker* : péjoratif pour l'homme blanc.

gorille qui l'immobilise lui brise la nuque. Hébété, je vacille, m'accroche aux barreaux.

Je ne suis pas encore revenu à moi que les verrous claquent, la porte s'ouvre : les voilà. L'un d'eux porte ma valise qu'il dépose sur la table, les deux autres m'empoignent et me cintrent sur la chaise. Celui qui était venu me dire de fermer ma gueule s'assied sur la table et commence à délirer. Je ne suis pas musicien ; je ne suis pas français ; je suis américain, agent de l'ennemi ; je fais du repérage. J'entretiens des relations suspectes avec des résidents étrangers. Je cache une mallette électronique, du matériel de transmission…

Je lui réponds que c'est faux, insensé, que non seulement il se plante mais qu'il est en train de commettre une grave erreur. S'il veut savoir qui je suis et ce que je fais en Ouganda, il n'a qu'à le demander au Major. Une solide paire de baffes coupe court à mes protestations : mon gestapiste en chemise à fleurs ne supporte pas la contestation.

Il fouille ma valise, balance son contenu sur la table puis, ne trouvant rien qui semble le satisfaire, me demande d'y replacer mes affaires. J'en ai presque terminé quand, en un éclair, il rabat violemment le couvercle cerclé de métal de ma Samsonite, s'assoit dessus et pèse de tout son poids sur cet étau qui m'écrase les doigts : ça craque. Foudroyé, je disjoncte, la lumière s'éteint puis revient… Tombé à genoux, j'arrive enfin à me dessouder les mâchoires, hurle, supplie :

— Pas mes doigts, pas mes doigts, je suis musicien, pas mes doigts…

La douleur est telle que je ne ressens même pas la brûlure de cigarette sur une main qui n'est plus la mienne. Je ne réalise pas davantage que ce fumier juché sur ma valise en est descendu et qu'il a relâché la pression.

Les deux sbires qui étaient restés en retrait me remontent sur ma chaise.

J'entends des éclats de voix. C'est flou, lointain, indistinct. Je ne sais pas s'ils me parlent ou se parlent ; guenille irradiée de douleur, je ne sais plus où j'ai mal, ma vue se brouille, je pars de traviole, shunte…

Petit à petit, je reprends mes esprits.

Ils se disputent. Courroucé, le gorille chapitre le nabot. Il s'empare de ma valise et se casse. Les deux autres le suivent. La clé claque dans la serrure, le bruit de leurs pas résonne puis disparaît dans le couloir.

Dans la cour, les moteurs se sont tus mais le silence est lourd, poisseux. Prostré sur ma chaise, j'ai l'impression d'être de plomb ; seul mon cœur bat au bout de mes doigts. Ma vue se désembrouille. Je fixe le mur : une affichette attire mon attention. Je trouve la force de m'en approcher. C'est un polycopié en anglais : le requiem du condamné.

« *You lie ! Tell the truth !* » Cet en-tête en caractères gras est le préambule à un acte d'accusation digne de Big Brother ou des procès staliniens. Il est recommandé au refuznik de passer promptement aux aveux s'il veut échapper au traitement réservé aux éléments « socialement nuisibles », « politiquement hostiles » ou « ethniquement douteux » qui seront châtiés sans pitié pour leurs crimes de haute trahison, espionnage, conspiration, tentative de coup d'État, etc. : la totale.

J'encaisse et retourne à ma chaise. Trahison, repentance et châtiment : le condamné d'office ne reçoit pas l'absolution dans les confessionnaux du SRB.

42

La douleur est supportable, c'est seulement quand je plie les doigts que des aiguilles de feu me gantent les mains. C'est dans la tronche que ça coince à présent. À la recherche d'un antidote à la réalité, je m'accroche à tout ce qui flotte autour de mon épave pour ne pas sombrer. À bout de forces, je lâche prise et coule à pic.

Affalé sur la table, j'émerge du néant : j'ai dû rester des plombes dans le coaltar. Je cale au point de non-retour. Ma montre et le temps se sont arrêtés. Un besoin pressant débloque la trotteuse. Je cogne sur la porte jusqu'à ce qu'un garde vienne enfin m'ouvrir. Il me cornaque aux chiottes le fusil dans mes reins.

L'horreur y est pure ; ça sent la pisse, l'avilissement, la pourriture, l'eau de Javel, le cadavre et la merde. De la merde partout, amassée dans les coins, débordant des cuvettes dans le purin des cabines dont les portes ont été arrachées, conglutinée sous des essaims de mouches jusque dans les vasques enchiassées des urinoirs. Impossible de faire un pas de plus dans ce cloaque de déjections tavelé de serviettes hygiéniques baignant dans leur gouille sanguinolente. Je suffoque, recule et me soulage là où je suis, en essayant de pisser le plus loin possible pour ne pas m'éclabousser. Humilié, je me rebraguette sous l'œil amusé du gardien qui, du couloir, n'a pas cessé de me tenir en joue. Pris de nausées, soûlé, souillé, empuanti, je me trisse au plus vite des tartisses de l'enfer.

De retour dans ma cellule, je m'enchâsse direct entre les barreaux et me vidange les bronches à grandes goulées d'air frais. À une vingtaine de mètres de ma lucarne, sur la gauche, des groupuscules de Kaundas discutent à l'ombre des bâtiments ; de l'autre côté, des soldats démarrent le moteur des voitures, dont les pare-brise miroitent sous les derniers rayons du soleil couchant.

Soudain, c'est la cavalcade. Talons et portes claquent : ça braille dans le couloir. Vociférations, cris, coups de gueule et coups de trique ricochent contre les murs. Des hurlées remontent par vagues du sous-sol et se déversent dans la cour où elles sont noyées par le bruit des moteurs qui s'emballent.

Kaundas et soldats s'emparent des prisonniers qu'ils alignent à genoux. Après leur avoir passé une corde au cou, ils les traînent à l'autre bout de la cour jusqu'au mur contre lequel sont garés les camions. Là, ceux qui gigotent encore sont achevés à coups de massue. Deux détenus en loques, couverts de poussière, balancent leurs dépouilles à l'arrière des bahuts. Leur chargement terminé, ils sont massacrés à leur tour. Sous la bâche des Bedford, la pâtée aux crocodiles disparaît dans l'odeur du gazole des navettes de la mort. Un par un, les moteurs cessent de rugir ; la cour se vide ; le silence efface les traces ; la nuit descend tout doucement encapuchonner la grande faucheuse.

Shooté à l'épouvante, terrorisé dans les bas-fonds de l'indicible, je dévisse…

43

Il n'y a pas de mots pour dire ce qu'on entend la nuit dans les cercles de l'enfer. Recroquevillé contre le mur, j'essaie en vain de m'endormir. Ni mes blessures ni les cent watts de cette putain d'ampoule électrique ne m'empêcheraient de fermer l'œil, si ne montaient du sous-sol des plaintes et des râles incessants.

Je ne vois rien mais j'entends tout. L'imagination, c'est pire encore. Juste au-dessous de ma cellule, ça cogne. Pleurs et gémissements sont ponctués par les stridences de longs cris d'effroi qui lézardent les murs et me glacent le sang. Ces hurlements de bêtes s'arrêtent net, d'un coup… et puis ça recommence à m'en crever les tympans. Il faut que je me casse, je vais devenir fou…

Lève-toi et marche, détale, dégage… Je fais le tour de ma cellule, compte mes pas : un, deux, trois, quatre, cinq, six, sept, huit – mur – un, deux, trois, quatre, cinq, six – mur. Je tourne et vire, repique au truc, trouve le rythme, chante mes pas… musique !

Marche au pas, marche droit, un tambour à tête de bois, vas-y nick nack paddy whack et vas-y mon gars, un tambour à tête de bois...

Je ferme les yeux

En chemin rencontra un second tambour du roi, salut nick nack paddy whack et vas-y mon gars, deux tambours ça marche au pas...

heurte la table

Pas bien loin dans le bois un troisième les rattrapa...

perds l'équilibre

Ils ont fait quatre pas, quand un quatrième les voit...

ramasse une capsule qui crisse sous mes pas

cinq, six, sept, huit,

huit tambours vont de guingois...

C'est le printemps, j'ai douze ans, je marche et chante avec mes petits camarades. En rang par trois, on quitte Saint-Camille, l'école des frères maristes de mon village sous la houlette du frère François. Nous allons faire notre retraite de communion solennelle au château de Contenson…

Vas-y nick nack paddy whack et salut les gars... À bientôt, on se reverra...

Je change de beuglante, remets un jeton dans le Scopitone des amulettes…

J'ai quinze ans. Sur les sentiers de contrebande, je franchis les Pyrénées, traverse l'Espagne, m'ensoleille d'Andalousie, me crame dans le désert de Sorbas, me fais serrer par les tricornes de la Guardia civil, baptême de l'ombre dans les cachots du Caudillo… : *castañuelas y flamenco…*

Je me fais les fouilles, sors la ferraille, flash-back avec Ludwig, rock chez le sourdingue, défile avec ses Turcs dans *Les Ruines d'Athènes* : *roll over Beethoven…*

44

Je me réveille assis sur ma chaise, ankylosé, décalqué. La nuit agonise, je tends l'oreille. Dans le silence, j'entends la voix des morts… Je me rendors.

Le jour se lève. Les premiers rayons du soleil pénètrent dans ma cellule, accompagnés par le bruit des moteurs. Funeste présage… Le grincement des verrous, les serrures qui claquent, la bastonnade dans les couloirs et son cortège de vociférations me dessalent sur-le-champ : l'heure des exécutions approche.

Dans la cour, rangés contre le mur, débâchés, les vieux Bedford crachent la fumée de leurs diesels en attendant la fournée du matin. Par petits groupes, militaires et Kaundas vadrouillent ou bavassent, mailloches et machettes en main.

Je me retranche au fond de ma cellule. Prostré contre le mur, je prends la cliche : y a-t-il des Blancs parmi les condamnés ? Je n'ai pas la force de retourner à la lucarne ; mon corps s'y refuse. J'essaie de me soustraire au massacre, en vain. En me cachant la tête sous ma veste, la capsule de Pepsi que j'ai ramassée pendant ma virée nocturne tombe d'une de ses poches.

Bleu, blanc, rouge, flash ! J'en aiguise immédiatement les bords sur le sol en ciment. Peu à peu les cannelures prennent la forme de minuscules dents de scie. Aussi con que cela puisse paraître, l'illusion que ma vie m'appartient encore me réconforte ; alors j'affûte…

Je somnole quand le penne double-claque dans la gâche de la serrure. Quelle heure est-il ? Un soldat entrebâille la porte. Sans même me regarder, comme on donne la pâtée au chien, il me glisse une gamelle et une boîte de conserve ébarbée avant de refermer la lourde.

Dans la boîte de conserve : de l'eau. Je la descends cul sec. Dans la gamelle : de la purée de banane et des morceaux de viande grillée. Débecté par l'étrange odeur de la barbaque, mû par un instinct animal, je m'interdis d'y goûter. Je la repousse sur le bord de la cantine pour ne manger que le matoké. Une horrible pensée me traverse l'esprit : Stop ! Fumiers ! Le circuit court !

Un haut-le-cœur crucifiant me tord les tripes. Je vais gerber. Il n'y a pas que les crocodiles du lac Karuma qui ont droit à la pâtée…

45

D'un demi-sommeil à l'autre, entre cauchemars et rêves éveillés, sous la lumière crue de cette ampoule qui ne s'éteint jamais, on perd vite la notion du temps. On revit sa vie en l'espace d'une minute lors des exécutions, puis les heures n'en finissent plus de se désagréger dans la narcose des jours sans fin et la détresse du désœuvrement…

Après vous avoir dépouillé de toute humanité, la cruauté ordinaire épouvante la marche du temps. Aurore et crépuscule font de vous une bête aux abois. Je tremble à chaque passage de la meute dans les couloirs de la mort. À quand mon tour ?

C'est l'heure de la piquouse. J'ouvre la « trousse de secours » et me dope à la haine. Je me mithridatise pour tenir le coup. Je ne pardonnerai jamais à mes tortionnaires d'avoir donné une couleur à l'infamie. Je force la dose au risque d'éradiquer ce qui a fait de moi un homme.

La nuit tombe. Une rage aussi soudaine qu'incontrôlable s'empare de tout mon être. Je renverse ma table, balance ma chaise contre le mur, m'acharne contre la porte, hurle mon innocence.

Il ne faut pas longtemps avant qu'un garde furibard fasse irruption dans ma cellule et m'envoie valser d'un coup de crosse dans le buffet. Le souffle coupé, je me ramasse ; il m'étale à nouveau, colle le canon de son fusil sur mon front, appuie très fort, son doigt tremble sur la gâchette. Je ferme les yeux.

— T'arrêtes de gueuler ou je te bute tout de suite. De toute façon, toi, tu y passes demain…

Le coup ne part pas, mais la sentence est tombée.

Ce rancard est pire encore que la camarde dans le canon d'un flingue, le regard halluciné d'un geôlier complètement défoncé, la sueur d'une peur qui n'a plus de nom.

Ce fils de pute en remet une couche puis, jurant en swahili, se barre sans oublier de me refiler un coup de latte dans les côtes avant de claquer la lourde.

De retour dans mon coin, j'accuse le coup double, ressors ma capsule et me remets à l'ouvrage : j'aiguise, aiguise, aiguise. La nuit sera longue.

46

Avec les premières lueurs du jour, l'angoisse qui me cimente la poitrine me ramène douloureusement à la réalité. Anéanti par une nuit d'agonie, il me semble qu'il s'est écoulé des siècles depuis mon incarcération et pourtant tout va si vite que j'entends déjà le moteur des camions. Fausse alerte, sauf dans ma tronche, rien ne vibre dans l'air du matin si ce n'est le bleu du ciel et le cliquetis du trousseau de clés d'un maton.

C'est le moment. Un flot de pensées désordonnées m'empêchent de passer à l'acte. Quelque chose me retient. (La voix de l'ange ?) Je remets la capsule dans ma poche.

Que se passe-t-il ? Tout est anormalement calme ce matin. Pas de bruit dans le couloir, pas d'aboiements au sous-sol ni de vrombissements de moteurs. À ma grande surprise, la cour est quasiment déserte. Seuls deux plantons cagnardent devant leur guérite alors qu'une 504 vient se ranger tranquillement le long du mur. Même les Bedford manquent à l'appel. La mort fait la grasse mat'.

La tension chute, je me relâche, débonde. Pris d'une irrépressible envie de pisser, je tire la table contre le mur et, après m'être assuré qu'il n'y a personne aux alentours, me soulage par la lucarne. Pas question de refoutre les pieds dans le lisier immonde de la fosse à purin.

Pas question non plus d'aller me faire massacrer dans la cour. Je ne sortirai pas vivant de ma cellule. Je m'en assure d'un petit coup du tranchant de ma capsule sur le dos de la main. Rasséréné, sans trop y croire, je joue les prolongations.

En attendant la fin du jour, il ne me reste plus qu'à remettre mon âme à Dieu et espérer un miracle en guise d'extrême-onction avant de refermer la valise.

Vidé, je déconnecte. Étrangement, je suis en paix. Dormir.

47

Je rêve qu'un bruit de pas se dirige vers moi du fond du couloir. Ce n'est pas un songe : la clé claque dans la serrure. Deux gardes pénètrent dans ma cellule et me tirent sans ménagement de la paillasse pourrie sur laquelle je m'étais assoupi. Ensuqué, je n'ai pas le temps de réagir.

Me tenant fermement par les bras, ils m'escortent jusqu'au perron du bâtiment. Le soleil est encore haut dans le ciel ; ce n'est pas l'heure des exécutions. Les voitures sont silencieuses, les Bedford à l'arrêt. Un groupe de soldats, pistolet-mitrailleur en bandoulière, m'observent avec attention.

Un officier se détache du peloton, vient à notre rencontre, ordonne aux gardes de me relâcher et me demande d'aller à la voiture qu'il me pointe du doigt.

J'hésite puis, tel un automate, d'une démarche mal assurée, je me dirige vers une Volkswagen garée à l'autre bout de la cour. Je n'ose pas me retourner. Je n'entends plus que le claquement des culasses et le tic-tac du compte à rebours.

Je ne suis plus qu'à quelques mètres de la bagnole. Qu'est-ce qu'ils foutent ?

Je me retourne : les soldats n'ont pas bougé ; leur officier a l'air de s'engueuler avec un Kaunda. Incrédule, je m'assieds sur le pare-chocs arrière de la Coccinelle.

Je ne suis pas très loin du portail. Il est ouvert… Je flashe sur une cavale mais y renonce aussitôt à la vue des kalachs des deux sentinelles.

De toute façon, c'est foutu, l'officier et le Kaunda – un revolver à la main – pressent le pas dans ma direction. Ça y est, j'ai pigé : je vais me faire buter à bout portant. En arrivant à ma hauteur, il lève son flingue pour le passer dans sa ceinture. Manifestement, ce n'est pas mon heure. L'officier ouvre la portière de la VW, rabat le siège avant :

— Montez… Nous vous ramenons à votre hôtel…

48

Abasourdi, je commence à y croire quand, en descendant la colline, nous croisons des vivants. Lugard Road : courant au beau milieu de la chaussée, une ribambelle de gamins jouent au cerceau – des roues de vélo dont ils ont enlevé les rayons. Princess Avenue : sur notre passage, des guirlandes de femmes en boubous chamarrés s'éparpillent sur les bas-côtés. Speke Road : des bécanes pétaradent en se faufilant au milieu d'une circulation de plus en plus dense. Shimoni Road : c'est pour de vrai ? Nile Avenue : euphorique, j'en embrasserais presque les deux salopards qui me ramènent à l'International.

À peine est-on arrivés, l'officier descend et disparaît dans le hall de l'hôtel en me laissant sous bonne garde, bloqué à l'arrière de la Cox. Il réapparaît quelques instants plus tard, reprend sa place, apostrophe le Kaunda qui démarre aussitôt.

Sourd à mes protestations, il accélère, enquille Nile Avenue et, avant même que j'aie eu le temps de comprendre ce qui m'arrive, se gare sur le parking d'un imposant bâtiment de style Bauhaus : deux barres de béton blanc crème articulées à angle droit par la baie vitrée d'une rotonde.

L'officier me libère et me somme de le suivre ; le Kaunda retire ma valise du coffre et nous emboîte le pas. Nous empruntons un escalier extérieur qui aboutit sur la terrasse de la rotonde : l'entrée principale de l'Uganda Central Police Station.

Un planton nous conduit à l'étage supérieur. Au bout d'un long couloir, il frappe à une porte sur laquelle on peut lire, poché en caractères gras, *Inspector General of Police*. Ce dernier, visiblement contrarié, nous invite à prendre place. Les deux agents du SRB s'installent face à son bureau et moi sur le côté.

Pas besoin de comprendre le swahili pour s'apercevoir qu'il y a de l'eau dans le gaz entre l'inspecteur et l'officier du SRB. En un rien de temps, le ton monte, leur entretien tourne au vinaigre et je balise à la vue d'un revolver qui reluit du barillet dans le tiroir entrouvert du chef de la police. Je flippe à l'idée de m'en prendre une si jamais ça dégénère.

Finalement, toujours à cran, talonné par son barbouze, l'officier se lève et se casse. Cloué sur ma chaise, je ne bronche pas.

L'inspecteur, lui aussi, garde le silence. Pensif, la tête entre les mains, les coudes posés sur son bureau, ce solide gaillard, vêtu d'un costume bleu marine, chemise blanche, col boutonné sous patte cravaté à l'anglaise, m'observe avec attention mais sans animosité. Sa colère est tombée.

— J'ai reçu l'ordre de vous garder ici…

— Mais pourquoi ?

— Je n'en ai aucune idée.

— Ils devaient me raccompagner à mon hôtel…

— Combien de temps êtes-vous resté à Nakasero ?

— Où ?

— Nakasero, le quartier général du SRB.

— Je ne sais plus… Trois, quatre, cinq jours peut-être…

— Vous avez eu beaucoup de chance…

Son regard se porte sur la petite croix en or que je porte autour du cou :

— Vous êtes chrétien ?

— Oui…

— Moi aussi.

Stupéfié par cette révélation, les chrétiens n'étant pas en odeur de sainteté sous le magistère islamique d'Idi Amin, je le suis plus encore par le tour presque amical que prend alors notre conversation.

Je ne sais pas ce que lui a raconté l'officier du SRB mais il ne l'a pas convaincu. Non seulement il ne comprend pas pourquoi je lui ai été confié mais il se demande ce qu'il va bien pouvoir faire de moi. Il ne cache pas son embarras : pour lui, je suis innocent. Il m'assure que je n'aurai rien à craindre tant que je serai entre ses murs. Je le conjure de ne pas me remettre au trou ; je le préviens qu'après ce que je viens d'endurer, je ne le supporterais pas et qu'il aura ma mort sur la conscience. J'ai dépassé le point de non-retour et il le sait.

Il me regarde droit dans les yeux. Je dis vrai. Il me croit :

— Pouvez-vous me donner votre parole que vous ne tenterez pas de vous échapper ?

— Je vous le promets…

— J'espère pour vous que vous êtes sincère et que tiendrez votre parole.

— Je vous le jure…

— Dans ce cas suivez-moi. Je vais vous conduire dans la salle des gardes.

49

Haute de plafond, la salle des gardes est une grande pièce rectangulaire située à l'entrée du bâtiment, face à la baie vitrée de la rotonde, meublée sommairement ; une longue table vernissée en occupe le centre et une rangée de bancs ripolinés en jaune pastis court le long de ses murs blanchis à la chaux. C'est propre, lumineux, aéré, un ventilo ronronne au plafond et la porte à double battant reste ouverte sur le hall : le grand luxe !

L'inspecteur me présente en anglais à un sous-off avant de lui donner ses instructions en swahili puis revient à l'anglais :

— Vous allez vous installer ici. Vous pourrez circuler librement dans le poste de police.

— Merci, merci beaucoup…

— Avez-vous faim ?

— J'ai faim et soif…

— Aimez-vous la nourriture indienne ?

— Oui.

— Très bien, je vais faire venir votre repas de l'extérieur, la nourriture de la prison est infecte. En attendant, allez vous laver et changer de vêtements, Le sergent-chef va s'occuper de vous.

Ce dernier me conduit dans un petit cabinet de toilettes carrelé de faïence. Il y dépose ma Samsonite avant de se retirer en refermant discrètement la porte. Je m'empresse d'en tirer la targette. Après avoir été incarcéré, en m'enfermant moi-même j'ai l'impression de m'affranchir, de me libérer.

Le miroir suspendu au-dessus du lavabo me renvoie l'image brouillée de mes retrouvailles. Sale, le cheveu gras, la barbe hirsute, je me cherche dans ce regard éclaté au fond duquel se cachent les blessures les plus profondes, celles qui ne se voient pas.

Je me débarbouille, plonge la tête dans la cuvette, noie la mort à l'eau froide ; les fantômes reviendront plus tard à l'heure des règlements de comptes. Pour le moment, je les chasse de la mémoire du présent ; je me désape, savonne, décrasse.

Par quel miracle suis-je revenu d'où l'on ne revient pas ? Par quelle providence ai-je encore mes doigts ? Certes, ils ne sont plus droits, me font mal, ne rejoueront peut-être pas, mais ils sont là.

Propre, blanchi, rasé, l'haleine mentholée, je sors reprendre ma place chez les vivants. À ma grande surprise, le couloir est désert ; je m'attendais à trouver le sergent en faction devant la porte. Dubitatif, tel un chien auquel on vient d'ôter sa laisse et qui reste en suspens avant de battre la calabre, j'hésite un instant. Je me risque dans le corridor, traverse le hall et dans l'indifférence générale regagne la salle des gardes.

C'est tout juste si les policiers que je croise sur mon chemin m'accordent quelque attention.

Je dépose ma valise sous un banc et m'attable devant un plateau-repas recouvert d'une espèce de touaille pliée en quatre.

Je n'aurais jamais imaginé que l'on pût s'émouvoir à la vue d'un assortiment versicolore de Tupperware rouges, jaunes ou verts, garnis de naans au fromage, curry de veau et jalebis sirupeux.

Ce n'est pas tant cette abondance de nourriture que d'être à nouveau traité humainement qui me tourneboule. Je ne vais quand même pas craquer devant une pile de chapatis, mais c'est les nerfs qui lâchent, je n'y peux rien. Heureusement, j'ai faim, alors je me cramponne à ma fourchette…

Je prends mon temps, mâche et remâche, accompagne chaque bouchée de naan d'une gorgée de bière, ménage la tuyauterie, culotte l'œsophage. Le ventre plein, je cale sur le dernier jalebi.

Pris d'un petit coup de mou – bombance oblige –, je vais m'étendre sur un des bancs qui balustrent la pièce. Décarêmé, ma saharienne pour oreiller, je m'endors aussitôt.

Je suis réveillé en sursaut par des éclats de voix. À l'autre bout de la salle, c'est la baston. Des policiers dérouillent un mec qu'ils traitent de voleur. Les yeux mi-clos, j'assiste sans broncher à ce passage à tabac, bien aise que ce soit un autre que moi qui s'en prenne plein la gueule. J'en éprouve même une certaine forme de soulagement, celui de la lâcheté ordinaire d'un corps meurtri.

50

L'arôme du robusta et le va-et-vient dans le hall du poste de police me tirent d'un sommeil profond. Malgré une nuit passée sans couverture, allongé sur un banc de bois, voilà bien longtemps que je n'ai pas aussi bien dormi. Autour de la table, une demi-douzaine de policiers bavardent en prenant leur café.

Je me lève, les salue d'un claironnant « *Good morning gentlemen* » dont la tonalité produit son petit effet. Ils sourient, m'invitent à prendre place à leur côté, me passent aimablement cafetière, tasse, sucre et cuillère en plastique puis, comme si je faisais déjà partie des meubles, retournent à leurs affaires sans plus se préoccuper de ma présence.

C'est insensé ! Me voilà en train de prendre un jus avec les flics de l'Uganda Central Police Station alors qu'il n'y a pas vingt-quatre heures je m'apprêtais à faire le grand saut dans un cul-de-basse-fosse. Qu'est-ce qui a bien pu se passer ?

Je n'en sais fichtrement rien, l'inspecteur général de la police non plus. C'est bien ce qui m'inquiète.

Drôle de partoche à déchiffrer que celle-là ! À la première lecture, j'ai failli tomber dans le faux rythme de mes nouvelles conditions de détention.

Attention : *da capo al coda*, cette petite musique de merde est beaucoup plus complexe qu'il n'y paraît car si pour le moment, hors de danger, je me balade sur la portée, je n'en reste pas moins prisonnier.

Il m'arrive parfois en me vidant les flancs de percuter du bourrichon. Hélas, ce matin, pas d'eurêka dans le commerce retrouvé des servitudes élémentaires, je me contente de cocher les cases :

1) Il n'y a pas de temps à perdre : ce *no man's sky* est providentiel mais combien de temps va-t-il durer ?

2) L'inspecteur ? Il y a dans son regard la sincérité irréfléchie d'un homme bienveillant. Je peux lui faire confiance…

3) Comment jouer les filles de l'air sans trahir ma promesse ?

4) Faire passer un message ? Mais à qui et comment ?

5) Et si j'arrivais à me barrer, où aller ? Au consulat ? Je ne sais même pas où il se trouve. Chez François par le raidillon ? Je ne dois pas être très loin de mon hôtel…

6) Bob Astles ? Pourquoi pas ? À malin, malin et demi, et à malin et demi, malin deux fois ! Je n'ai plus rien à perdre…

On frappe à la porte des gogues.

— *Just a minute...*

— *Hurry up !*

— *OK, OK...*

Dans le couloir, juste en face des toilettes, une porte est ouverte. Je jette un coup d'œil dans ce qui ressemble à un petit secrétariat. Il est inoccupé. Sur le bureau, un appareil téléphonique. Personne alentour. Vite. Je décroche le combiné, enfonce une touche au hasard : tonalité. D'un doigt tremblant, je compose le numéro perso du Major : bip-bip-bip-bip... Merde, ligne interne, je n'obtiens pas la communication. J'enfonce une autre touche : 0 rien, 00 kif-kif, 9 tut-tut-tut-tut, 10 macache ! J'essaie à nouveau : grésillements, chou blanc. Je n'entends plus que le ressort du cadran de ce vieux téléphone dont la sonnette grelotte à chaque rotation. C'est trop risqué : je fouette, j'arrête.

De retour dans le hall je baguenaude ici et là, puis, toujours dans l'indifférence générale, m'aventure dans les étages. Au quatrième, le dernier, deux galeries ensoleillées par une enfilade de baies vitrées pivotent à angle droit sur l'axe de la rotonde. Elles courent sur toute la longueur du bâtiment et m'offrent une vue à cent quatre-vingts degrés sur le centre de Kampala. J'avais deviné juste, les barres de béton de l'International se dressent à quelques centaines de mètres dans le prolongement de Nile Avenue. Je suis à dix minutes à peine de mon hôtel ; en coupant par le parc, à vingt minutes de chez François. C'est jouable.

J'explore toutes les issues à la recherche d'un escalier de secours mais toutes les portes sont verrouillées.

De retour dans la salle des gardes, je passe le reste de la matinée à ruminer. Sur le coup de midi, escorté par un policier, un Indien, cintré dans un kurta[1] rouge et or, me déballe un repas de roi : chapatis, pakoras de légumes, poulet tandoori, riz basmati et boules de rasgulla…

Je ne sais pas ce qui se cache derrière ce traitement de faveur mais le résidu de peur qui, depuis Nakasero, me touille les entrailles ne va pas me couper l'appétit. Après tout, en bon chrétien, le chef de la police fait peut-être tout simplement preuve de charité à mon égard.

Quand on parle du loup… son sergent-chef se pointe entre deux boules de rasgulla :

— *How are you today ?*

— *Very well, thank you…*

— Quand vous aurez fini de déjeuner, l'inspecteur veut vous voir dans son bureau.

Flash-back. Il en est des mots comme des parfums, comme de l'odeur du corps des femmes ; dans leur évocatoire, certains ne s'oublient pas. C'est donc avec l'appréhension du petit séminariste convoqué chez le dirlo par le préfet de discipline que je frappe à sa porte.

Appréhension de courte durée ; souriant, il m'invite à prendre place autour d'une table basse dans le coin salon de son bureau :

— Une bière ?

— Bien volontiers…

— *Cheers*. Vous êtes musicien, n'est-ce pas ?

1. Un kurta est un vêtement traditionnel porté en Inde, au Bangladesh et au Sri Lanka. C'est une chemise ample descendant jusqu'aux genoux ou à mi-cuisse.

— C'est exact.

— Mon père aussi était musicien, il avait un orchestre ; il m'a appris à jouer de l'ennanga.

— De quel instrument ?

— De l'ennanga, une petite harpe très populaire en Ouganda… Et vous, dc quoi jouez-vous ?

— Du synthétiseur, un instrument de musique électronique…

Je m'attendais à tout sauf à ça… L'inspecteur général de la police ne m'a quand même pas fait venir dans son bureau pour me parler biniou ! Soit il se fiche de ma gueule, soit il est totalement à côté de la plaque. Et pourtant seuls semblent l'intéresser mon instrument et ma vie de musicien.

Pour satisfaire sa curiosité, je lui balance la totale : des grandes orgues au rock and roll, du Swinging London à Woodstock, du Baba Scholae à Utopia et, bien que cela ne lui dise absolument rien, je le frime avec une scène recouverte d'orchidées à Carnegie Hall avant de mettre un terme à mon jaspin.

Chose étrange, à aucun moment il ne me demande ce que je suis venu foutre en Ouganda. Au fil de la conversation, il se déboutonne mais pas un mot sur le motif de mon arrestation et mon internement à Nakasero. En revanche, il ne cache pas son mécontentement à l'égard de l'officier du SRB qui m'a largué dans son bureau. Encouragé par la nature de notre entretien, je l'interroge à mon tour :

— Combien de temps vais-je rester ici ?

— Aucune idée…

— Que voulez-vous dire ?

— Que ça ne dépend pas de moi.

— Mais alors de qui ?

Il hausse les épaules, lève les yeux au ciel, me regarde comme si j'étais l'idiot du village :

— Comment voulez-vous que je le sache quand Dieu lui-même ne sait plus qui est qui et qui fait quoi sous le soleil de Kampala… Une autre bière ?

— Avec plaisir.

Drôle de bonhomme que ce chef de la police qui me dégoise son bourre-mou tout en faisant mousser ma Tusker Malt. À quoi joue-t-il ? Il enfonce le clou :

— Est-ce que cela vous ferait plaisir d'aller déjeuner en ville demain ?

Je n'en crois pas mes oreilles. Pour autant, il n'a pas l'air de plaisanter ou d'avoir perdu la raison ; c'est moi qui capote bien raide pour le coup.

— J'en serais ravi si cela est possible…

— C'est possible… En compagnie d'un de mes hommes bien entendu… Il sera armé, ne l'oubliez pas… J'ai votre parole, n'est-ce pas ?

— Vous l'avez.

51

Mon banc de bois n'est peut-être pas ce qu'il y a de plus confortable mais c'est un pullman après le ciment froid et humide des oubliettes de Nakasero. La nuit a été calme, chaude, balsamique. J'ai dormi comme un loir, bercé par le bruit blanc des averses de la mousson. Les premiers rayons du soleil calandrent les baies vitrées de la rotonde. Par ses portes grandes ouvertes, un courant d'air diffuse une odeur de pétrichor accompagnée de senteurs florales enrobées d'effluves de bitume. Le jour se lève à l'africaine, nonchalamment.

Le poste de police sommeille encore quand je décide d'aller faire ma toilette. Je croise quelques argousins qui déambulent, le pas lourd, en attendant l'heure de la relève. Certains me saluent d'un petit signe de la main ; d'autres m'ignorent totalement. À dire vrai, en me baladant ainsi à ma guise dans les couloirs de la centrale, je n'ai pas l'impression d'être au ballon.

Je pète le feu ce matin ; un sang neuf circule dans mes veines ; mon ange gardien a dénoué le garrot, mon cœur bat à nouveau au rythme d'un shoot de rêve bleu.

De retour dans la salle des gardes, je prends mon café avec les policiers qui viennent de s'installer autour de la table. Ils me font bon accueil. Mon voisin me demande si j'ai passé une bonne nuit. Je lui fais remarquer que le matelas est un peu dur mais que le service est excellent, la vue splendide et le Bugisu[1] délicieux. Ils se marrent ; je les vanne. L'ambiance est détendue ; ils m'ont manifestement à la bonne. C'est à en perdre son latin.

Je monte dans les étages, sait-on jamais ! Pas de bol, il y a trop de flics qui circulent entre les burlingues pour m'aventurer en zone interdite. Je ne tiens pas à attirer leur attention en me balochant du côté des issues de secours ; mine de rien, ils m'ont quand même à l'œil. Je rebrousse chemin, redescends dans le hall où, tout en flânant, je me rapproche de la rotonde. Sur la terrasse, accoudés à la rambarde, quelques perdreaux en civil tiédissent au soleil levant. L'envie me prend d'en faire autant, il fait bon vivre ce matin chez le maître de toutes les bêtes de la terre et des poissons de la mer…

Je pointe mon nez sur le pas de la porte, tire sur ma longe, en franchis le seuil. Le planton de faction, un militaire en treillis, kalach au poing, m'arrête du regard mais ne bronche pas. Je lui demande si je peux m'asseoir là, à ses pieds, sur les marches en béton que réchauffe déjà le soleil. Il n'y voit pas d'inconvénient mais je ne dois pas faire un pas de plus. Je le rassure, je n'en ai pas l'intention. Pourquoi irais-je jouer au con ?

1. Le café arabica ougandais.

Respirer l'air libre me satisfait amplement. Je le flaire, le hume, le prise, le filtre, l'aspire, le gobelote, m'encense d'azur et, transporté aux portes de la Jérusalem céleste, un espoir insensé me titille les narines, me déclenche ; c'est quand on n'attend plus rien que quelque chose se passe : j'ai un drôle de pressentiment… Et comme rien n'arrive jamais au hasard, un jeune inspecteur flambant neuf derrière ses Ray-Ban vient m'informer qu'il passera me prendre à midi pour m'emmener au restaurant.

52

Au nombre d'uniformes et de *wildflowers shirts*[1] attablés sous des ventilos qui entrepalent le brouhaha des conversations avec le bourdon d'un sitar, je comprends tout de suite que ce resto est la cantine de l'Uganda Central Police Station.

On s'installe dans un coin au fond de la salle. Face à moi, mon chaperon porte-flingue ouvre son col, déboutonne sa veste et, avec ostentation, réajuste son holster.

Dans son kurta rouge et or, notre serveur n'est autre que celui qui m'a apporté mon repas hier. Il me tend un menu en anglais sommairement dactylographié recto verso : ce n'est pas le Taj Mahal mais qu'importe, le simple fait de déjeuner ailleurs qu'en taule fait de ce modeste restaurant indien le Brahma-Loke de Kampala.

Familier de l'établissement, Colt 45 passe sa commande sans regarder le menu ; de toute évidence, il le connaît par cœur.

1. Espèces de chemises hawaïennes portées par les flics en civil.

— Que me recommandez-vous ? Papodums ou padokas ?

— Papodums avec une sauce à la menthe…

— Butter chicken ou poulet tandoori ?

— Butter chicken si vous ne craignez pas les épices… Vous pourrez terminer votre repas en douceur en prenant un lassi mangue… Que voulez-vous boire ?

— Une bonne bière, merci.

Malgré ses airs de cow-boy ray-bané à la SRB, ce jeune flic est beaucoup plus sympa et moins épais qu'il ne veut bien le paraître. Se rendant compte rapidement que je n'ai nullement l'intention de lui fausser compagnie – je ne demande même pas à aller aux toilettes –, il relâche son attention, se détend.

Au cours du repas Moses – tel est son nom – devient de plus en plus loquace. J'apprends ainsi qu'il a fait ses études à Makerere, vient de se marier et ambitionne de devenir un jour commissaire. Je lui parle bien évidemment de musique, l'emmène faire un tour outre-Atlantique sur mon synthé… mais la conversation nous ramène inévitablement à ma situation et là, soudain, venant de nulle part, bang, flash, Saint-Esprit et langues de feu. Jeudi ! Charles ! Jeudi ! Pardieu nous sommes jeudi !

Il faut agir et vite. Passer la bourrasque, ne laissant rien paraître de mon emballement, ça déménage, ça s'échafaude, ça se goupille, j'ai mon plan : c'est ma mallette qui amènera le marle à mordre à l'hameçon. Je monte ma ligne et laisse filer la soie dans la conversation :

— Moses, combien de temps vais-je encore rester en prison ?

— Aucune idée…

— Pouvez-vous au moins me dire pourquoi j'ai été arrêté ?

— Je ne le sais pas… enfin pas vraiment…

— Ce n'est quand même pas à cause de ma mallette ?

Il ne me répond pas mais je vois danser le bouchon dans ses yeux. Je ferre :

— Les agents du SRB s'imaginent je ne sais quoi, mais ce n'est qu'un instrument de musique… Puis-je vous faire confiance ?

— Bien sûr.

— Cette mallette, c'est mon synthé, ils la cherchent partout alors qu'elle doit toujours être là où je l'ai planquée dans ma chambre d'hôtel… Je peux vous la montrer ; on peut même aller la chercher si vous voulez…

— Je dois vous ramener au poste sitôt le repas terminé…

— Vous avez encore faim ?

Il esquisse un sourire entendu :

— Pas du tout…

— Moi non plus…

Il appelle le garçon, signe l'addition :

— Allons-y…

Je n'y crois pas ! Dans le sillage de mon chaland, j'abandonne le butter chicken à ses épices.

53

S'assurant que je reste bien à sa hauteur, Moses presse le pas dans les petites rues commerçantes qui remontent vers Kampala Road ; à ce rythme-là nous serons à l'International en un rien de temps. En traversant Nile Avenue, j'aperçois Alan qui traîne sa patte folle dans notre direction. Comme si de rien n'était, il nous la joue « comment-vas-tu-*long-time-no-see-my-friend* » avant de poursuivre son chemin. On n'a rien pu se dire et pourtant l'empathie qui embuait son regard m'a tout dit, il a compris : lui aussi il a donné.

Arrivé dans le hall de l'hôtel, je fonce droit sur la cage d'ascenseur située au pied de la rampe d'escalier : mon salut est à une volée de marches…

Je tape sur l'épaule de mon garde-chiourme :

— *Come on, Moses… follow me…*

En trois enjambées je suis à l'entrée de la salle du restaurant : il est là ! Je marque un temps d'arrêt de peur que Colt 45 ne dégaine en pensant que je me fais la malle. Je lui fais signe de me suivre. Sans l'attendre, je fonce sur la table où, comme tous les jeudis, fidèle à son habitude, Charles est en train de déjeuner. Levant la tête dans notre direction, mon Breton aurait vu débouler l'Ankou escorté des lavandières de nuit qu'il n'en serait pas moins décoiffé :

— Bon Dieu, où étais-tu ? Qu'est-ce qui t'arrive ?

— Le SRB… Je suis en taule au CPS de Bouganda, sors-moi de là… Attention, je suis maqué.

— Vu…

— *Moses, I wanted you to meet an old friend…*

Charles se lève, lui tend la main. Décontenancé, Moses hésite, lui tend la sienne. Il faut faire vite avant qu'il ne dévente, je dégage illico :

— *OK Moses, let's go !*

Il ne me lâche plus d'une semelle jusqu'à la porte de ma chambre. Je n'en ai plus la clé. La main sur la poignée, je prie pour qu'elle soit ouverte : elle l'est !

Rideaux tirés, lits au carré, Johnnie Walker et kasese au garde-à-vous sur le bureau, tout a été remis en ordre. Je jette un œil dans la salle de bains : nickel. Rien ne trahit le bordel qu'avaient laissé Bouledogue et ses alguazils lors de mon arrestation.

Resté en retrait, Moses m'observe du corridor, il s'impatiente :

— *Hurry up… We don't have time…*

Je me glisse sous un lit, rampe sous l'autre, enfonce mon bras jusqu'à l'épaule entre matelas et sommiers puis, dépité, en dernier ressort, fouille placards et penderie : bernique !

Prenant Moses à témoin, j'éclate :

— Putain d'hôtel ! Bande de voleurs ! Quelqu'un m'a fauché mon synthé, n'importe qui a pu rentrer dans ma chambre, vous l'avez vu, ils ont laissé la porte ouverte… et moi qui vous avais fait confiance ! Comment vais-je pouvoir prouver mon innocence maintenant ? …

— Calmez-vous… Dépêchons-nous, nous allons être en retard…

Et plus c'est gros…

54

Mais que fait Charles ? Voilà maintenant deux jours et deux nuits que je gamberge depuis ma petite virée à l'International. Toutes les hypothèses s'entrechoquent dans le godet de mes espérances : *double six, snake eyes, good and bad rolls*… et si les dés étaient pipés… Non, pas cette fois, Moses a fermé sa gueule, ça va marcher, je crampe du ciboulot à force d'y croire, m'accroche, ripe, dégringole : *Helter Skelter !*

Pour me changer les idées, je vais me balader dans les couloirs, flâne dans le hall, sors prendre l'air sur le perron. Le garde, toujours le même, a pris l'habitude de me voir poser mon cul sur le pas de la porte et ne semble plus y prêter grande attention. De toute façon il me serait impossible d'aller bien loin sans me faire intercepter par les sentinelles qui, en contrebas, patrouillent à l'angle de Bouganda Road. Les yeux fermés, plombé par le soleil, je cagnarde en m'efforçant de faire le vide, somnole indifférent aux allées et venues, bercé par le bourdonnement de la ville.

La tête dans les mains, je dors en classe. De vagues consonances latines rimaillent à l'unisson dans l'écho lointain de mes rêvasseries. Ce n'est pas le père Aucagne rouge de colère dans sa soutane noire qui m'arrache au mal du pays pour me ramener à la guerre des Gaules mais un flic en civil qui me tape sur l'épaule en me demandant de le suivre. Dans la salle des gardes, Gabriel, l'inspecteur général de la police, est en grande discussion avec deux « chemises à fleurs » : pas besoin de me faire un dessin. Leurs sales gueules me glacent le sang, mon cœur s'arrête, ça fait boum boum jusqu'aux tympans, un goût de bile amère me rince les chailles, la langue me colle au palais. C'est encore pire qu'avoir les jetons : sont-ils là pour me ramener à Nakasero ?

Perdu pour perdu, quitte à me faire descendre, je tenterais bien le tout pour le tout mais le pandore qui est venu me chercher est resté planté derrière moi, adossé au chambranle de la porte.

Cette fois-ci, Gabriel et les Kaundas ne s'engueulent pas. Il affiche même un sourire rassurant :

— J'ai reçu l'ordre de vous libérer, ces messieurs vont vous reconduire à votre hôtel. Vous quitterez le pays par le premier avion, le vol Air France de jeudi prochain. Nous avons récupéré vos billets et fait le nécessaire ; ils vous seront remis avec votre passeport le jour de votre départ, en attendant vous êtes libre. Soyez prudent…

Il nous accompagne jusqu'à la voiture garée au pied des marches du perron. Assis à côté de ma valise, seul à l'arrière de la 504 qui se faufile déjà dans le trafic de Bouganda Road, je n'y crois toujours pas quand les tours de l'International se profilent sur Kampala Road ;

c'est seulement lorsqu'elles s'encadrent dans le pare-brise en bifurquant sur Nile Avenue que je réalise qu'ils me ramènent vraiment à mon hôtel.

Ils m'escortent jusqu'à la réception, demandent le manager, lui jargonnent je ne sais quelle salade dans un dialecte qui m'échappe, refilent une enveloppe en papier kraft à l'hôtesse et se barrent. Stupéfaite, elle la glisse dans son tiroir, me dévisage, hésite un instant avant de me tendre la clé de ma chambre. Elle pensait probablement ne jamais me revoir…

55

Tout a été trop vite. Basculant d'un espace-temps à l'autre sans arriver à me poser, je trampoline façon descente d'acide. À la recherche d'un sas de décompression, je m'installe sur le balcon de ma chambre : Johnnie Walker et kasese…

Assoupi dans mon fauteuil, bien qu'obscurci par la boisson, j'entends frapper à ma porte : c'est Charles. Il me prend dans ses bras :

— Toi, on peut dire que tu reviens de loin… Comment vas-tu ?

— Comme un mec à qui tu viens de sauver la peau… ça ne se voit pas ?

Je l'embrasse à mon tour :

— Qu'as-tu fait pour me sortir de là ?

— Mon boulot… le reste a suivi…

— Raconte.

— C'est sans intérêt, l'important c'est que ça ait marché…

— Comment as-tu su que j'étais de retour à l'International ?

— Nous en avons été informés, tu es français, non ?

Trois ou quatre godets plus tard, après que je lui ai balancé toutes les joyeusetés que m'avait réservées le SRB – de la fête aux Cape Towns Villas à mon retour à l'hôtel –, on se ping-pong nos interrogations : qui peut bien être derrière tout ça[1] ?

Avant de me quitter, Charles me propose de revenir passer la nuit dans ma chambre :

— Tu serais plus en sécurité, je suis diplomate, on ne me touchera pas…

Je décline son offre et referme soigneusement la porte derrière lui.

1. Aujourd'hui encore, la question reste entière.

56

Je titube dans l'irréalité d'une liberté retrouvée. Une grande lessive s'impose, je me fais couler un bain, j'ai besoin de décrasser mes artères de toute la merde qui m'empoisonne le sang. Petit à petit, je me réapproprie mon corps, ça me fait tout drôle de bander ; j'ai envie de baiser, tout et n'importe quoi, un cul, le ciel, le vent, la terre entière, les dieux noirs et les diables blonds, de me branler au balcon, de juter aux étoiles, d'engrosser la lune…

Apaisé, je détrique, flotte, m'abandonne…

C'est l'eau qui, en refroidissant, me réveille : je m'étais endormi dans la baignoire. Dessouillé, je me sèche, m'habille, descends au bar, passe à la pompe, refais le plein.

Rien n'a changé. Fidèles au poste, les Britons boivent leur bière en solitaire au comptoir ou sirotent leur whisky, chatonnés dans les clubs du salon. Vestiges du « *give me all you've got and I'll teach you to speak proper English* », ces vieux colons conversent le plus souvent avec l'accent élitiste d'Oxford. Il y a quelque chose qui me touche et me réconforte dans ce snobisme convenu, dans cette façon bien à eux de signer leur appartenance à la Couronne au confluent du Cherwell et de la Tamise.

Je descends cul sec mon double scotch avant d'aller m'installer à une table au bord de la piscine où, là non plus, rien n'a changé si ce n'est un nouvel arrivage de guenuches anglo-saxonnes. Elles s'éclaboussent au plongeoir sous l'œil indifférent de la clientèle de l'hôtel qui, comme tous les soirs, potine sous les parasols en attendant l'heure du repas. Sâmi est là. J'ai à peine eu le temps de me poser qu'il est à ma table :

— *My friend, where have you been ? June was worried*. Elle est même allée signaler ta disparition à l'ambassade de l'Allemagne de l'Ouest.

— Elle n'est pas là ?

— Elle est dans le Ruwenzori.

— Merde, je vais la rater.

— Tu t'en vas ?

— Je me suis fait serrer.

— Par qui ?

— Le SRB, je suis expulsé…

— Viens, allons dîner, je connais un petit restaurant du côté d'Owino où on sera plus tranquilles pour parler de tout ça…

Bien qu'Owino Market ne soit qu'à une petite dizaine de minutes à pied, Sâmi tient à prendre sa voiture. Il se faufile dans le trafic, fait brusquement demi-tour sur Speke Road, remonte jusqu'au rond-point, en fait deux fois le tour les yeux dans le rétro, redescend sur Kampala Road, lève le pied et s'engage dans les petites rues qui mènent au marché.

Je vais finir par connaître toutes les cantines du coin. Celle-ci, un autre petit resto indien dont la façade jaune orangé illumine de ses néons le fond d'une impasse, est celle des Égyptiens. Un sous-off et des soldats en uniformes saluent Sâmi d'un petit signe de la main lorsque nous traversons la salle pour aller nous isoler à une table à l'écart de la troupe.

Sâmi m'écoute sans m'interrompre. Par décence – et pour ne pas lui couper l'appétit –, je reste allusif sur ma descente aux enfers. À la fin de mon récit, mains jointes sous le menton, il garde le silence, comme s'il cherchait à lire dans mes pensées :

— C'est de la folie ton histoire, ça ne colle pas…

— Que veux-tu dire ?

— Que les agents du SRB n'ont pas pour habitude de relâcher leurs prisonniers… et pour ce que j'en sais, on ne sort pas vivant de Nakasero… Quelqu'un a dû intervenir. En donnant l'ordre de te transférer à la Central Police Station, il t'a sauvé la vie…

— À qui penses-tu ?

— Aux deux seules personnes qui ont tout pouvoir sur le SRB.

— C'est-à-dire ?

— Major Bob ou Idi Amin en personne.

— Mais alors pourquoi m'a-t-on arrêté ?

— Aucune idée. Laisse tomber, tu ne le sauras jamais… Oh ! Excuse-moi une seconde…

Il se lève, interpelle un serveur et se dirige à la table où les soldats qui l'ont salué à son arrivée s'apprêtent à lever le camp. Il règle leur addition puis, le prenant à l'écart, s'entretient avec leur sous-off avant de revenir à la table.

— *Sorry*… Ce sont les hommes de mon commando, je devais dîner avec eux ce soir… As-tu besoin de quelque chose ?

— Non, je te remercie. Tout ira bien. Après-demain, cette sale histoire ne sera plus qu'un très mauvais souvenir…

57

Malgré la sensation de bien-être que procurent des draps propres et le confort d'un lit douillet, j'ai du mal à m'endormir. Pas moyen de faire le vide. Je m'emmêle les pinceaux dans l'écheveau des hypothèses, tire sur les ficelles d'un sac de nœuds à la recherche de l'identité de mon marionnettiste, cafouille, cale, sèche et m'évapore…

À mon réveil, désorienté, je flippe un brin : j'ai perdu mes repères. Mais non, je ne rêve pas. Je suis bien là, de chair et de sang, allongé sur mon lit, transpirant d'aise dans la tiédeur de ma chambre d'hôtel. Le soleil frappe aux carreaux et quelqu'un à ma porte :

— *Your breakfast, Mister John…*

Rassurant, le timbre cristallin de cette petite voix m'est familier : Eva.

Toujours aussi sexy dans son spencer de service bleu marine, elle va déposer son plateau sur la table du balcon puis, comme à son habitude, adroite à s'accouder à la rambarde, attend que je m'y installe. Chemisier blanc échancré – elle fait dans le rose ce matin –, ma frôleuse babille sans me poser la moindre question sur les raisons de mon absence. Bien que les clients de l'International s'éclipsent fréquemment pour un safari, une visite aux Muchinson Falls ou, pour les plus fortunés, aller emmerder les gorilles dans la forêt de Bwindi, son manque de curiosité m'interroge :

— Vous m'avez manqué, Eva…

— *Silly, you're teasing me…*

— Pas du tout… et moi, je vous ai manqué ?

— *Oh Mister John, please stop it, you're confusing me…*

Éperonnée, la donzelle minaude en touche d'un petit coup de valseur et se casse : *gammoned !*

Une paire de baguettes remonte à la surface de ma bolée : *L'Enfant au tambour* me chante le blues. Flambée, torchée la belle aventure.

— Chouine pas petit, c'est pas ta faute, viens, c'est fini… Plus que deux jours et on rentre à la maison…

J'écluse mon amertume en me demandant comment je vais pouvoir récupérer mon équipement chez le Major : synthé, magnéto et vidéo sont dans son bureau. La seule pensée d'avoir à retourner aux Cape Town Villas me refile les jetons, tout net, brutal, en plein…

On frappe à ma porte :

— Qui est là ?

— Elijah… Mister John, il faut que je te parle…

Il n'a pas fait deux pas dans ma piaule qu'il se met à genoux en me demandant pardon. Stupéfait et fort embarrassé par ce confiteor aussi soudain qu'inattendu, je le relève aussitôt.

— Elijah, qu'est-ce qui te prend ! Je n'ai rien à te pardonner, arrête tes conneries.

— Tu ne m’en veux pas ?

— De quoi ? Toi aussi tu t’es fait avoir, non ?

— J’avais peur… Le bruit court au palais que le président a fait exécuter ceux qui t’ont arrêté… On dit aussi que des membres de leur tribu chercheraient à les venger… Je suis venu te prévenir… Tu comprends ?

— Merci Elijah.

— Les musiciens m’ont chargé de te dire au revoir, ils vont bien… Ils riffent de temps en temps sur *Little Drummer Boy*… Alan t’improvise… Susie t’embrasse… Bonne chance à toi… Adieu mon frère…

En me regardant droit dans les yeux, il me prend les mains, les serre longtemps dans les siennes, il va chialer, le con.

58

Si ce que vient de me raconter Elijah est vrai – et il n'y a aucune raison d'en douter –, c'est encore plus fondu que je le pensais. Dans la plus pure tradition de la *commedia dell'arte*, ce théâtre funeste se réinvente à chaque représentation au gré des initiatives de ses comédiens, de situations improbables et des besoins du spectacle. Susie ne m'a-t-elle pas dit qu'il fallait une tête par jour à l'Arlequin au masque blanc ? Sans parler du Capitan à casquette de maréchal ni de ses Zannis en chemises à fleurs. Où vais-je pouvoir me planquer pendant les dernières vingt-quatre heures qui me séparent encore de mon départ ? Deux verres de waragi et un tour de manège plus tard, j'ai trouvé : le consulat !

En coupant par le parc, j'y arrive en un rien de temps, plus parano qu'un bipolaire qui court-circuite. Je décline d'emblée mon identité à la réceptionniste et demande à voir le consul sur-le-champ. Pour sûr que cette libellule est au parfum : non seulement elle ne tique pas mais, sans me poser la moindre question, me conduit directement à l'étage où je suis reçu par un pisse-vinaigre qui m'accueille froidement. Son bureau est à son image : sobre, impersonnel, climatisé.

D'un geste sec, il m'invite à m'asseoir et, sans le moindre préambule urbain, se lance dans une diatribe à l'adresse de tous ceux qui, à l'instar de Barbet Schroeder, sont venus foutre le souk dans ses petites affaires équatoriales. Je tombe des nues. À l'entendre, je l'aurais bien cherché : c'en est trop !

— Monsieur, je sors de Nakasero et je suis ici parce que je viens d'être informé que ma vie est à nouveau menacée. Je suis français, votre devoir n'est-il pas de me protéger ?

— De quelles menaces me parlez-vous ?

Pendant que je lui rapporte les propos d'Elijah, il tire une chemise d'un de ses dossiers, en sort quelques pages dactylographiées qu'il consulte attentivement en suçant le capuchon de son Montblanc, referme le tout, hausse les épaules :

— Pour moi vous êtes résident américain, je ne peux rien faire de plus pour vous.

Il me signifie la fin de notre entretien en regardant sa montre :

— De toute façon, demain à cette heure-ci vous serez dans votre avion…

Pris d'une envie soudaine de lui remonter les couilles, je me lève, le fume d'un regard et quitte son bureau sans même le saluer : Pilate a les mains sales. En sortant du consulat je passe au *duty free,* me ravitaille en carburant : merde à Vauban ! Un orage tropical canonne son imminence. Je hâte le pas, regagne mon hôtel, décapsule au balcon et trinque avec les éléments qui font trembler Babel. Je bois au clavier bleu de ma dernière séquence, je bois à mes doigts de bois qui douillent en cachette, je bois à la musique qu'emporte la mousson.

Il a cessé de pleuvoir : l'eau ruisselle de partout, diluant la rouille des toits de tôle dans les coulées d'argile qui garancent les rues. Il y a quelque chose de sensuel dans cette odeur particulière que prend la terre après la pluie. J'enfile ma veste et descends prendre ma dose de pétrichor dans les allées du parc. La nuit tombe et, sans même m'en rendre compte, tout au bien-être que me procure ce parfum de sève végétale, je me laisse entraîner en rêvassant du côté d'Owino Market.

Soudain j'ai l'impression d'être suivi. D'instinct, je ralentis le pas, tends l'oreille et me retourne d'un coup : que dalle, pas un chat et pourtant, je suis certain qu'on me file le train. Je ne me suis pas glissé derrière un pilier que, légers comme des ombres, trois solides gaillards à l'étroit dans le tee-shirt kaki de leur battle-dress m'encerclent. Piégé, prêt à défendre chèrement ma peau, je me mets en garde. Alors que ses deux acolytes échangent un regard amusé, celui qui me fait face s'approche de moi en souriant et pose amicalement sa main sur mon épaule :

— *Don't be afraid ! We're Sâmi's men…*

— Sâmi ?

— *Yes*… J'étais au restaurant indien hier soir… Vous vous souvenez ?

— Ah oui… C'était vous à la table avec les soldats ? On peut dire que vous m'avez foutu la trouille…

— Désolé, mais Sâmi nous a chargés de vous protéger.

— Vous me filez depuis longtemps ?

— On ne vous a pas quitté de la journée… je vous raccompagne ?

59

J'ai mal dormi. Comme un petit séminariste au jour de la quille, j'ai refait vingt fois ma valise avant d'aller m'étendre sur mon paddock en attendant le petit-déjeuner. Eva est en retard. Buzz-buzz, buzz-buzz, buzz-buzz, la sonnerie du téléphone me débourdonne à l'anglaise. Je suis prié de me rendre à la réception.

J'y suis accueilli par le gérant de l'hôtel flanqué de deux mastards qu'il me présente comme des agents du gouvernement. Il me remet ma note de séjour en me priant de bien vouloir la régler en dollars, puis la range dans un tiroir duquel il sort, sous l'œil attentif des Kaundas, une enveloppe kraft dans laquelle je retrouve mon passeport et mes billets d'avion. Un des mastars rajuste ses lunettes, me cadre :

— *Everything's OK ?*

— *Yes, I think so...*

— *Very well then... Now listen to me carefully : you must stay here until I come back to pick you up for the airport, understood ?*

— *What time ?*

— *Let's say 5 PM.*

— *OK, I'll be ready.*

Un bref conciliabule avec son collègue et le directeur de l'hôtel, une dernière mise en garde en me recommandant encore une fois de ne sortir sous aucun prétexte, et le voilà qui s'en va en me gratifiant d'un petit signe de la main.

Pour de vrai, passeport et billets en poche, là, sur mon palpitant qui bat la breloque, je passe au bar me remettre de mes émotions et arroser la quille :

— *Double scotch please...*

60

Je l'ai !

Bis repetita placent. Si je veux récupérer mon synthé, je n'ai pas le choix. C'est risqué mais cette fois je n'irai pas voir le Rat blanc planqué sous une couverture : je serai officiellement escorté par des Kaundas. Ça va marcher. Il suffit de bien jouer ma partoche, d'avoir un peu de chance, le cœur au ventre et le bon timing. Un seul problème : faudra bicher chrono si je ne veux pas rater l'avion. Pourvu que mon escorte n'ait pas la montre molle...

Le hall de l'International est quasiment désert lorsque je dépose mes clés à la réception. Un boy somnole amarré à son caddie, quelques bimbos esseulées chaloupent en maillot de bain du bar à la piscine sous le regard offusqué d'une Miss Marple et l'œil émerillonné de son capitaine Hastings : *how shocking*...

Ne tenant plus en place, je fais les cent pas, rechargeant mes accus, prêt à électriser mon barbouze dès son arrivée.

Le voilà. Je me précipite à sa rencontre et le catéchise *ex abrupto* :

— *Please hurry up*, Major Bob veut me voir avant mon départ, il m'attend, dépêchons-nous !

Il m'embarque sans sourciller et me fourgue avec ma valise à l'arrière du Land qui nous attend à l'entrée de l'hôtel. On démarre sur les chapeaux de roue. C'était bien vu : « Major Bob », c'est un putain d'Ausweis !

Il ne me reste plus maintenant qu'à espérer qu'il soit dans son bureau des Cape Town Villas.

Une demi-heure plus tard, escorté par deux agents du SRB, je n'ai aucune difficulté à franchir les portes du palais. Passé le seuil, je file droit sur le planton, qui en tombe ses Ray-Ban derrière la console de son standard téléphonique. Je force mon avantage :

— Je suis attendu par le Major, annoncez-moi s'il vous plaît !

Je ne lui laisse pas le temps de décrocher son combiné : talonné par mes chiens de garde, j'enquille le vaste corridor jusqu'au repaire du Rat blanc à l'autre bout du bâtiment.

Campé sur le pas de sa porte, le Major m'attend. Plus british que jamais et pas plus surpris que ça, il m'accueille avec courtoisie et m'invite à le suivre tout en congédiant les Kaundas d'un claquement de doigts.

En entrant dans son bureau, je constate immédiatement que mon matériel est toujours là, à l'endroit même où je l'avais rangé le jour de la fête. Le Major me désigne un siège, s'assoit à son tour, me fixe avec des yeux dont les prunelles ont le magnétisme de celles d'un chat et, comme à son habitude, garde un long silence avant d'engager la conversation :

— Comment allez-vous, Mister Labat ? Je me suis laissé dire que vous aviez eu quelques petits ennuis…

— C'est le moins qu'on puisse dire, monsieur le Major…

— Oui, oui, bien sûr, tout cela est fort regrettable, n'est-ce pas ? Vous prendrez bien une tasse de thé ?

— Ce serait avec plaisir mais je crains de ne pas en avoir le temps, j'ai un avion à prendre.

— Je sais.

Il fait pivoter son fauteuil, décroche son téléphone, appelle l'aéroport, demande à ce que l'on retienne mon vol, raccroche, hoche la tête dans ma direction :

— … Avec ou sans sucre ?

À présent, plus rien ne m'étonne dans ce pays gouverné par le maître de toutes les bêtes de la terre et régenté par le tout-puissant psychopathe du lac. Ce dernier, décidément désarmant d'amabilité, me tend une tasse de Darjeeling :

— Je présume que vous êtes venu récupérer votre équipement ?

— Et vous saluer avant mon départ…

— C'est fort aimable à vous…

— N'ayant pu enregistrer Son Excellence, j'espère que vous ne verrez pas d'inconvénient à ce que je récupère aussi mon synthétiseur.

— Bien entendu… Que puis-je faire d'autre pour vous ?

— Si on pouvait m'aider à transporter mon matériel, je vous en serais infiniment reconnaissant. Je crains de ne pas être actuellement en état de le faire…

— Je comprends… Je comprends…

Il interphone aussi sec les Kaundas et leur ordonne de venir prendre mes bagages.

— Il ne me reste plus qu'à vous souhaiter un bon voyage…

— Merci… ah, j'oubliais Major, votre Bruichladdich était excellent !

— J'ai eu grand plaisir à le partager avec le remarquable musicien que vous êtes, n'est-ce pas, Mister Frog ?

Message reçu, docteur Jekyll, mes amitiés à Mister Hyde…

Dans le sillage de mes sherpas Kaundas je traverse pour la dernière fois la terrasse du palais quand une voix m'interpelle : c'est Susie.

Je lui fais signe de se barrer, je ne veux pas qu'on soit vus ensemble par les agents du SRB qui pourraient dans leur délire paranoïaque la soupçonner de je ne sais quelle complicité.

Elle n'en a cure, vient à ma rencontre, se jette dans mes bras. Mes cerbères se retournent, détellent et, à l'arrêt, ne nous lâchent pas des yeux.

— Susie, casse-toi, tu sais qui sont ces mecs ?

— Oui, je sais…

Elle me serre très fort, écrase son cœur contre le mien, bouscule le présent ; soudés à l'âme tout est en nous, d'un coup, comme ça, sans un baiser, sans une larme :

— Adieu Muzungu, prends soin de toi…

61

Pied au plancher, accroché à son volant, notre chauffeur se lance dans une *wacky race* d'enfer jusqu'à l'aéroport.

Le terminal est désert. Tous les passagers ont déjà embarqué. Encadré par mes barbouzes-porte-barda, je passe le contrôle des douanes sans qu'on me demande quoi que ce soit, pas même mon passeport.

Comble de l'ironie, c'est un agent du SRB qui porte mon synthé, la fameuse mallette que ses collègues en chemises à fleurs ont cherchée partout. Qui aurait pu s'imaginer qu'elle était planquée dans le bureau du Rat blanc ?

Une sentinelle fait les cent pas le long de l'Airbus stationné sur le tarmac. Un steward en descend pour m'aider à monter mes bagages que les Kaundas viennent de déposer au pied de la passerelle.

À bord de l'A300, l'accueil est phénoménal. Les hôtesses se bousculent pour m'embrasser. D'étreinte en étreinte, je suis entraîné jusqu'au cockpit où le commandant de bord, visiblement soulagé, me serre chaleureusement la main :

— On commençait à s'inquiéter…

— Merci de m'avoir attendu !

— Nous n'avions pas vraiment le choix…

Son copilote, en communication avec la tour de contrôle, lève le pouce : on a la clairance, on peut y aller…

Pendant le roulage, le mécano m'invite à prendre place dans le *galley* réservé au personnel de cabine. Ceinture bouclée, le dos collé au dossier de mon *jump seat*, je vibre avec la carlingue, monte en tours avec les moteurs. Jamais poussée de réacteurs ne m'avait procuré une telle émotion : le cœur en fête, j'ai envie de pleurer.

Aftermath

Paris, septembre 1977.

Cauchemar terrible : Ouganda, June est en danger !

Je me rends à l'ambassade des États-Unis et balance tout le feuilleton au RSO [1].

Woodstock, un mois plus tard.

Coup de fil d'une June furibarde :

— *Mother fucker*, qu'est-ce que tu es allé raconter à l'ambassade US à Paris… *You're fucking crazy Froggy !* Non seulement t'as foutu le bordel, mais en plus t'as fait sauter ma couverture, pauvre con !

— *What are you talking about ?*

— *I'll tell you !* J'étais au pieu avec Sâmi quand un commando des SF [2] a fait irruption dans ma piaule. Ils

---

1. *Regional Security Officer* : agent spécial du service de sécurité diplomatique. Il est le principal attaché de sécurité et conseiller de l'ambassadeur dans les ambassades et consulats américains.

2. Special Forces : Forces spéciales américaines.

l'ont assommé, m'ont enlevée et dans la foulée exfiltrée en hélico au Rwanda… *Well done asshole !*

Clac ! Pas le temps d'en placer une, elle a raccroché.

Quinze jours plus tard, 3 heures du mat'.

— Allô… Jean-Yves ?

— *Yes*.

— June…

— Ah non June, ça va !

— Ne raccroche pas… je te présente toutes mes excuses, tu m'as sauvé la vie…

— Ah bon ?

— Arrête de jouer au con, Froggy… Tu me prends pour une idiote ?

— Pas du tout…

— Alors dis-moi, comment savais-tu ?

— Savais quoi ?

— Que je ne serais certainement jamais revenue de ma prochaine mission dans le Ruwenzori.

— Je ne vois pas de quoi tu parles…

— Oh, pardon, bien sûr… c'était un rêve… Après tout, ça ne me regarde pas, mais le coup du producteur qui vient enregistrer Amin à l'accordéon, c'était génial, on n'y aurait jamais pensé… Écoute Froggy, je ne veux pas savoir pour qui tu travailles, mais si un jour tu veux changer de boîte, appelle-moi…

Remerciements

Bernard Bonnelle
Pierre-Marie Bouvery et Jean-François Ducrocq
Anne et François Dieumegard

Cet ouvrage a été mis en page par IGS-CP
à L'Isle-d'Espagnac (16)

CET OUVRAGE
A ÉTÉ ACHEVÉ D'IMPRIMER
SUR ROTO-PAGE
PAR L'IMPRIMERIE FLOCH
À MAYENNE EN DÉCEMBRE 2023

N° d'édition : 548756-0. N° d'impression : 103905
Dépôt légal : janvier 2024
Imprimé en France